HOW SHOSTAKOVICH
CHANGED MY MIND
Stephen Johnson

音楽は絶望に寄り添う

ショスタコーヴィチはなぜ人の心を救うのか

スティーブン・ジョンソン
吉成真由美 訳

河出書房新社

訳者まえがき「音楽の力」

音楽なしでは人生を誤る
——フリードリヒ・ニーチェ
(*The Twilight of the Idols and the Anti-Christ*)

時の流れに伴うひとつながりの音が、深い感情的な反応を聴く者の脳内に引き起こす、それを音楽というのなら、音楽とは驚くべき現象だ。たまさか耳にした音楽が深く心にしみわたり、はからずも涙するようなこともあれば、疎外感を抱いてうつや孤独の淵に沈む者に、音楽が一種の連帯感をもたらすこともある。言語や視覚情報がなくとも、音楽はある感情を聴く者の心にかき立てるが、単なる感情の表現というにとどまらず、そこには思考や意志、抵抗、ユーモアや皮肉、建築のような構造とプランがある。言語をはじめとする他の手段では表現できない何かを、音楽は深く豊かに表すことができるのかもしれない。

音楽の持つ力について最初に話を聞いたのは、脳神経学者オリヴァー・サックスからだった。彼によれば音楽は、人間の閉じ込められた欲望や苦しみや記憶を体から解き放して、人間に落ち着いたまとまりというものをもたらし、人間同士をつなぐ役割を果たしているのだという。言語表現を無くした失語症の患者でも、音楽を通して言葉が出てくることがあり、認知症患者の場合、昔の歌や音楽を聴くことで、落ち着きを取り戻して音楽を静かに聴き始め、涙を流したり微笑んだりするという。一般的に音楽の力は、病気によって侵食されずに長いこと残っていて、音楽に合わせてダンスできるのは人類だけなのだと。そして音楽の能力は領域特定化しているようで、他の能力が衰退したり未熟であっても、音楽の能力だけがフルに発揮される場合もあることが知られている。

一方認知科学者スティーブン・ピンカーは、「音楽がサバイバル上何のアドバンテージももたらさないのであれば、一体どこからそれは出てきたのだろう、そしてなぜ音楽は成立したのだろうか。おそらく音楽は『聴覚的チーズケーキ』といったもの、つまり少なくとも六つの知的能力の敏感な部分をくすぐるために作られてきた、素晴らしいお菓子なのではなかろうか」〔*How the Mind Works*, 1997〕と言って物議をかもした。音楽は麻薬カクテルのようなもので、いくつもの快楽回路を一度に刺激するのであり、たとえ音楽が無くなったとしても、人類のライフスタイルはまったく変わらないだろうと続く。つまり、音楽は心地よいものだが、人類発達上の付録にすぎないのだと。

しかし、音楽の起源については「生殖対象を魅了するため」や「社会をつなぐため」「敵にテリトリーを示すため」「政治的同盟を確認するため」「子供を育てるため」など諸説あるものの、人類のおそらくすべての文化において、音楽はそれぞれの社会の基本的な要素となってきており、他のいかなる動物にも存在しない、人類特有の能力であることは否めないだろう。時として音楽は集団としての社会を維持するために必須の要素となり、また個人のアイデンティティを確立・確認する有効な手段として機能してきた。

この本には、自身が双極性障害〔そううつ病〕と診断され、精神障害を背負った母親とのつらい葛藤に苦しむ、作曲家にして音楽ブロードキャスターである著者が、スターリンによる恐怖統治時代をかろうじて生き延びながら作曲し続けたショスタコーヴィチの音楽作品に触れるうち、次第に救われていく過程が鮮やかに描かれている。ショスタコーヴィチを直接知る人たちへのインタビューや、カフカ、ニーチェ、ショーペンハウアー、アリストテレス、フロイト、T・S・エリオット、キーツ、オーウェル、マクリーン〔脳神経学者〕、サックス〔脳神経学者〕等々に言及しながら、交響曲や弦楽四重奏曲作品に込められたメッセージと魅力を読み解き、ギリシャ悲劇とも共通する、「なぜ痛みや孤独や恐怖や皮肉や悲惨を見事に表すような音楽が、人々の心を救うことになるのか」という問いに答えていく。

例えば、1941～42年にかけてナチ軍に包囲されたレニングラード〔現在のサンクトペテルブルク市〕で、すべての市民が飢えと寒さで生死の境にあるさなか、ナチ軍侵攻当日に市の大ホールでかろうじて演奏された『レニングラード交響曲』〔交響曲第7番〕が人々の心に深く刻んだ衝撃や、トーベ・ヤンソンの『ムーミン』とカフカの『変身』とを対照しながら、自身の母親との葛藤を振り返り、ワーグナーの『トリスタンとイゾルデ』が描く深い愛の葛藤へと展開するくだりなど、音楽と脳科学と哲学と文学を渉猟する、心動かされるチャーミングな本だ。

著者は、音楽が持つ力とは、「われわれに生きていくための意味を与える力」なのだと提唱する。まだ科学で説明できない、ミステリアスな力。特にショスタコーヴィチの苦悩に満ちた音楽は、著者も含めて数えきれないほど多くの人々の命綱となってきたという。それは、スターリンによる恐怖統治下を生き抜いてきた人々や、想像を超える困難に遭遇してきた人たちが、人生に意味を見出すための礎となり、著者自身が出口のない孤独に陥っている時、ショスタコーヴィチの音楽が「生を続けていくための理由」を与え続けてくれたのだと。シヨスタコーヴィチ自身とても繊細で、まったくタフなタイプではないのだが、それでも恐怖統治下にあって、四方から降り注ぐ矢をかわしながら作曲を続けていく、その苦悩と葛藤と抵抗とユーモアを、著者を含めて聴く者たちに音楽を通してコミュニケートすることで、聴く方は一種の連帯感のようなものを感じて救われるのだという。

この本からは、著者の繊細な感覚と美意識、そして音楽に対する深い愛情と理解がしみじみと感じられる。「音楽はそれを聴く人たちをどのような気持ちにさせるのか」という課題に、クールな客観的視点を提供すると同時に、音楽がもたらす影響についてはあくまで率直で深く主観的であり、短い文章に込められた著者の思いが霧のように立ちあがり、しばしば立ち止まって考えさせられる。死の淵に立ったほどの苦渋の闇から、ショスタコーヴィチの音楽を通して生き続けていく意味と力を見出していく過程は、読者に静かだけれども確かな明かりをともすだろう。加えて著者による交響曲や弦楽四重奏曲などの解説部分は、あまりにも好奇心をそそられる美味(おい)しさで、その作品をすぐにでも聴きたくなってしまい、何度も本を置いて聴くことになるかもしれない。優れた音楽入門ともなっている。

日々テクノロジーが加速度的に変化し、より分散型で効率の良いものになってきている今日、ロボティクスや人工知能や遺伝学を活用することによって新たな人類進化が起こり、「ビッグデータを支配する者が圧倒的優位に立ち、人類の約半数は無用の長物と化してしまう可能性が高い」〔ユヴァル・ノア・ハラリ〕というような未来予測もそれなりの説得力を持って聞こえてくる。一方で、人間を含む「自然」とは想像を超える複雑さを擁するわけで、効率や収益といった数値だけでは表せない「複雑性」や「関係性」「創発性」といったものが見落とされているのではないかという危機感も出てきている。例えば自然さや素朴さの中にある隠された美しさを拾えるような「美意識」や、共感力(エンパシー)やいとおしさといったニュアンスを含んだ概念をとらえる「感性」など、言葉や数字ではうまく表現できないものへ、新たな光が注がれつつあるように見える。また、「一人の友人の影にだけでも出会うことのできた人間は幸福だ」とメナンドロス〔古代ギリシャの喜劇作家〕が言うように、百万人の「いいね」より一人に目を見つめられる方が、数はずっと少ないけれど、生きていく力につながるのかもしれない。

広く客観的であると同時に深く主観的であるこの本は、その「あいまいさ」を様々な手法で言葉にして「アートが人間の脳に与える大きな影響」を拾い上げている。

多種多様なストーリーが織り込まれているので、もちろんそこかしこの拾い読みでもこの本は十分に楽しめると思うが、彼自身の個人的な物語は、十分に構想を練ったオーケストラの楽譜のように、細部が次第に積み重なっていって、最終的に全体の意味が明確になるという仕立てになっているので、順を追って読むと、次第に見晴らしが良くなっていく過程が快く、一層深く楽しめるのではないかと思う。

吉成真由美

音楽は絶望に寄り添う

I

II

III

IV

V

VI

凡例：本文中の（　）は原註、〔　〕および＊で示した傍註は訳者による補足説明です。

序章

そしてそれでも彼の妹はとても美しく〔バイオリンを〕弾いたのだった。彼女の顔は横を向いていて、悲哀を帯びながら夢中で楽譜の音を追っていた。グレゴールは少し前に這い出し、頭を低くして彼女の目を見つめられるようにした。もし音楽が彼をこのような気持ちにさせるのなら、彼はどうして粗野な獣などであろうか？

——フランツ・カフカ『変身』

ショスタコーヴィチは、これらの言葉を知っていたのだろうか。彼はカフカを愛読していたと聞いたことがある。しかし、彼を知っていた人たちや、一緒に仕事をしたことのある人たちから、この非凡で謎多き作曲家についていろいろ話を聞いてきたけれど、その本当の姿を把握するのはなかなか難しい。彼は仮面をつけることに慣れていたから。スターリンによる恐怖専制統治の下では、生き残るために公人は必ずそうしなければならなかった。ショスタコーヴィチは、たとえ友人たちが相手であっても、常に相手が望むことを言うという習慣を身につけていたようだ。本音をもらした相手は、ごく少数だったろうし、それさえ極めて限られた場合のみだった。それにショスタコーヴィチは何といっても作曲家だから、他の多くの作曲家たちと同じように、最も正直でプライベートな考えを表現する道具として、「言葉」に対して本質的に猜疑心を抱いていたように見える。

もしショスタコーヴィチが、勇気ある友人もしくはブラックマーケットを通じて本を手に入れ、カフカのあの有名な寒々とした寓話を読んでいたなら、あの文章の特に最後の質問部分で、しばらく立ち止まって考えを巡らせたことだろう。音楽が関係するというだけでも十分注目に値するが、カフカの物語の中であの部分は、まったく予期しないものだった。体が巨大な虫に変身してしまうという、悪夢のような出来事が身に降りかかってしまったカフカの主人公グレゴール・ザムザは、家族がショックを受け、哀れみ、敵意を示し、ついには一種のマヒした無関心に引きこもってしまうのを目の当たりにする。彼自身に起こったことについては手の施しようがないように見える。しかしその時バイオリンの音が聞こえてきて、妹が「悲哀を帯びながら夢中で」弾いているのを見て、突然一条の光が斜めから差し込んだかのように、あの質問が頭をもたげるのだ。「もし音楽が彼をこのような気持ちにさせるのなら、彼はどうして粗野な獣などであろうか？」おそらくショスタコーヴィチは、同じような質問を自分自身に投げかけてきただろう。大きく揺れ動いた彼のキャリアの中で、公に糾弾されて打ちひしがれた時や、同僚や友人たちから強く非難された時、自身の芸術的良心の呵責にさいなまれた時や、そもそも人として生きていく価値があるのかさえ疑った時でも、彼はかろうじて何とか前に進んで作曲を続けていく力を見出してきたのだ。

しかしこの本は「真のショスタコーヴィチの姿」を探ろうとするものではない。彼を覆う複雑多様な仮面や防壁の裏から彼を引きずり出して、「ここに彼あり！」と宣告するようなものではまったくない。実際これはショスタコーヴィチ自身に関する本ではなく、彼の音楽が——グレゴール・ザムザにとっての妹のバイオリン演奏のように——人々にどのような感情を呼び起こしてきたのか、ということについてのものなのだ。スターリンによる恐怖統治時代を生きぬいてきたロシア人たちや、この音楽が直接心に訴えかけてくると感じる西欧人たち、さらに、三度も双極性障害と診断され、音楽、特にショスタコーヴィチのそれがまさに命綱となってきた私自身にとって。

読者の中には、「え、ショスタコーヴィチ?」とひどく驚かれた方々もいるだろう。多くの人が、自分を励ますために、あるいは少なくともジークムント・フロイトが言う「普通の不幸」——つまり病的というほどではない程度の不幸——状態にある時に選ぶような音楽ではないかもしれない。ショスタコーヴィチによる15編の交響曲と、弦楽四重奏曲、コンチェルト、歌曲、そしてオペラ『ムツェンスク郡のマクベス夫人』には、20世紀に書かれた最も暗く、悲しく、暴力的で、苦々しく、心が締めつけられるような音楽が含まれている。当然ながらそれらの音楽は、逆に聴く者たちを同じような暗いレベルに引きずり込むか、良くても倒錯したあるいは自虐的な快楽を提供するにとどまるのではないのか。ところが、ショスタコーヴィチの音楽の影響について話を聞いてみると、特に感情的あるいは精神的に苦しい試練の只中にある人たちは、まったく予想だにしなかった話をする。精神が完全に押しつぶされてしまうような瀬戸際に立たされた時に、彼らはこの音楽が描き出す自分自身の真の感情を鮮明に聴き取って、まさにグレゴール・ザムザを彼自身のうつの迷路で立ち止まらせたあの質問のように、「もし音楽がわれわれをこのように感じさせるのであれば、われわれはどうして惨めで野卑な存在などであろうか？」と問いかけることになるのだ。

まさにこの質問こそが、この本を通底するテーマだ。音楽がどのようにして「われわれをこのように感じさせるのか」ということを突き止めるだけでも、十分に大きな問題だ。この問題は主観的な瞬間、つまり意識して理性的に解釈しようとするのを拒むような、音楽に没頭する瞬間といったものと、ないまぜになっている。これについて理解するために、アート、サイエンスそしてマインドの専門家たちを擁する「ミュージカル・ブレイン信託（トラスト）」と一緒に仕事をしたり、いくつかの記事執筆やラジオ・ドキュメンタリー制作のために行ったリサーチを通して、神経学者、心理学者、心理療法士（セラピスト）、哲学者、そして音楽家たちと対話したことで、私自身大いに励まされ助けられた。神経科学は、脳がどのように情報を処理し、より深い知的・感情的なレベルでどのように音楽を理解するのかということについて、大きな進歩を遂げてきている。特に、トラウマとなるような経験に対して音楽がどのように働きかけることができるのかという点についての神経学的考察は、深く心に残っている。『脳の中の魂〔*The Soul in the Brain*〕』〈未邦訳〉、そして『なぜ人間は泣きたがるのか：悲劇と進化と脳〔*Why Humans Like to Cry: Tragedy, Evolution, and the Brain*〕』〈未邦訳〉の著者であり、明晰かつ音楽的感受性の鋭い同僚マイケル・トレンブルによる考察をはじめとして、古今の哲学者や詩人、劇作家、小説家、音楽家、そして音楽愛好者たちによる考察も、この本の中に登場する。さらに、ショスタコーヴィチを直接知っていて、厳格で強制的なソビエト連邦共産主義の下、彼同様に生き延びるための努力を重ねてきた経験を持つ、多くのロシアの音楽家や作家や思想家たちに会う幸運にも恵まれた。彼らの観察、推察、議論、逸話などを通して、読者が大きな全体像を描く手助けができれば幸いだ。ショスタコーヴィチに関して、ほとんど予備知識を持たない読者もいるはずなので、ある程度の歴史的、伝記的な背景描写も必要だと思う。幸いなことに、ショスタコーヴィチの生涯とその時代背景とは、クラシック音楽史上最もドラマティックに大きく揺れ、時としてダーク・コメディーとなるようなものの一つでもある。話の中には、これまで信じられてきたことを全否定するものや、私自身も信じられずに思わず戸惑ってしまうようなものもあったけれど、それでも読者は、ここに展開される数々の時代証言の圧倒的な豊かさに気づかれることだろう。

歴史的背景を語る前に、ここで個人的な要素についても一言触れておきたい。この本の執筆当初、個人的なつながりを持つ事柄は最小限にとどめておくつもりだったが、次第に、私の個人的体験はこの本のテーマと直接関係していることに気がついた。この本の主題が「音楽はそれを聴く人たちをどのような気持ちにさせるのか」ということなら、私の個人的体験こそ、私が最もよく説明できるものだからだ。ＢＢＣのラジオ・ドキュメンタリー『ショスタコーヴィチ：光へ向かう旅』の制作にあたって、私自身が重度のうつ病に苦しんでいた時に、ショスタコーヴィチの音楽がどのように助けとなったのかという個人的な短い体験記録を二つほど挿入するよう、プロデューサーだったジェレミー・エヴァンスが勧めた。すると放送後、ジャーナリストや、医療関係者、一般聴衆といった実に多くの人たちが、これらの個人的な体験記録の部分にすべてポジティブにコメントしてきたのだ。以来、このテーマについて講演したり記事を書いたりすると、必ず同じように多くのポジティブな反応が返ってきた。この本でこれから語るのは、単なる私自身の個人的な「旅」ではなく、むしろショスタコーヴィチの音楽が持っている、持続的で人を高揚させる究極的な回復力についての証言といってもいい。私のそれは、そういった多くの証言の一つにすぎず、他の人たちの証言は私のものよりはるかにドラマティックで印象的だ。そして、最も忘れがたい証言の一つからこの本は始まっている。

奇跡的に実現した『レニングラード交響曲』初演

今でもあの強く腕を摑まれた時の感触を時々思い出す――突然、心臓が止まるかと思うほど強く左の下腕を摑まれたのだ。それは2006年6月15日のことだった。サンクトペテルブルク市にある小さなアパートで、クラリネット奏者ヴィクター・コズロフに出会った時のことだ。私は作曲家ショスタコーヴィチの生誕百年を記念するラジオ・ドキュメンタリーを作るために、プロデューサーのジェレミー・エヴァンスと、すこぶる有能な通訳にしていかなる問題に対しても「フィクサー」となってくれるミーシャと一緒に、ロシアに来ていた。ジェレミーはコズロフにインタビューすることにとりわけ熱心だった。よく知られているように、1942年〔ドイツ軍に〕完全包囲されたレニングラード市〔現サンクトペテルブルク市〕で、ショスタコーヴィチの交響曲第7番が演奏されたのだが、彼は存命している当時のオーケストラメンバーの一人なのだ。コズロフが住んでいるレニングラード郊外にある殺風景なアパート街に近づくにつれ、私は、プロとしての客観性を保つのが常にもまして難しいだろうと気づき始めた。その日の朝われわれは、レニングラード包囲攻撃ミュージアム〔Museum of the Siege of Leningrad〕を訪れていた。市の旧名であるサンクトペテルブルクという名称は最近復活したが、包囲攻撃に関しては両者の関連性があまりにも強いので、いまだに「レニングラード」が使われている。包囲攻撃については以前から数多（あまた）のストーリーを読んでいたが、その多くは想像を絶するような意志力と忍耐力についてのものだった。１９４１～42年の最初の冬、市がナチ軍に包囲されて食料供給が完全に途絶え、気温は零下30度にまで下がり、一部は異常な高熱によって、多くは飢えが原因で、一時は月十万人にものぼる市民が死亡した。ミュージアムにある写真や絵画には、人々が、靴の革や本の背表紙の糊から作ったスープを求めて列をなし、通りで身を寄せ合い（実は家の中でも同じように寒かったのだが）、急ごしらえのＰＡシステムを通して聞こえてくるラジオ・レニングラードの放送に耳を傾けている姿が写っていた。ある生存者の娘さんの話によれば、ラジオ放送局の職員が衰弱しすぎて番組を作れなかった時は、メトロノームのティク、ティクという音を流したそうで、「それは市の心拍音でした。それはまだそこにあったのです」。しかしそれさえ止まってしまうこともあった。45分の狂おしい静寂の後、それが再び始まると、ひどく痩せこけた市民たちの顔が喜びでクシャクシャになり、お互い泣きながら抱き合う姿が、当時の報道映像に映されている。もしあの小さなはかない心拍音が死の淵から蘇ることができるのなら、市自体も同じように蘇ることができるのではないのか？

　その頃までにはショスタコーヴィチは、レニングラードから連れ出されていた。今日では、戦争でボロボロとなり飢えに苦しむ市から救出すべきＶＩＰリストのトップに、クラシック音楽の作曲家を据えることはないかもしれないが、当時のソビエト連邦当局は、またとないプロパガンダのチャンスをそこに見てとった。この作曲家が、遅からずして『レニングラード交響曲』と呼ばれるようになる、第7番目の交響曲を作曲しているというニュースが、当局に届いていたのだ。もしロシアで、続いて同盟国でも、この交響曲を演奏することができたなら、それは見事な抵抗の意志表示となるに違いない。ピョートル大帝の旧帝国の首都であり、その後革命の立役者ウラジミール・イリイチ・レーニンに敬意を表して改名された同市が、ヒトラーの軍隊による恐るべき猛攻撃を受けても生き延び続けているのみならず、音楽さえ作っているのだ、という。ショスタコーヴィチは、前線の東に位置するクビシェフ市、現在のサマラ市へと航空移送され、そこでほどなくして全譜面（スコア）を書き終えた。ショスタコーヴィチはいつも仕事が早い。すぐにそれはクビシェフとモスクワで演奏され、この交響曲は大興奮をもって人々に迎えられた。こういった大成功は、たやすくスターリンの恐るべき被害妄想を刺激してしまうことになるのだが、この時彼は、この新しい交響曲がもたらす価値に目ざとく気づいたと見える。全譜面（スコア）のマイクロフィルムがアメリカ合衆国に送られて——当時としては大変な危険を伴うものだったが——ニューヨークとロンドンでの演奏が相次いだのだ。西側の報道は、おしなべてソ連の同胞たちと同じくらい熱狂的だった。象徴的にもタイム誌は、消防士のヘルメットを被って雄々しい決意に満ちた表情のショスタコーヴィチを表紙にのせ（彼はその頃ちょうど音楽院の消防士義務を果たしているところだったのだ）、その背景には炎に包まれた廃墟が描かれ、彼の額からは交響曲のオープニング・テーマから四つの音が霊のように流れ出していた。

ソ連当局は、さらに大胆なアイディアを思いつく。レニングラード交響曲は同市で演奏されるべきだ、と。これを実現するための計画は目まいがするほど大変なもので、実際このクレージーなプロジェクトは、おそらく高度な独裁主義の下でしか可能ではなかったろう。そもそも市内には、レニングラード・ラジオ・オーケストラというたった一つのオーケストラしか残っておらず、しかもそのうち十五人の演奏者しか生き残っていなかった。やっかいなことに、ショスタコーヴィチの『レニングラード交響曲』の楽譜は、約百人編成のオーケストラのために書かれていた。おまけにこの第7番は、彼の最も長い交響曲で、普通に演奏して約75分かかる上に、ほとんどの演奏者には膨大なスタミナが要求される。補充の演奏者たちは、もっぱら軍楽隊から、武装部隊の護衛の下に連れてこられなければならなかったし、オーケストラの残存メンバーたちには、特別な食料配給も必要だった。最初のリハーサルでは、ありとあらゆる最後の希望というものが試練にさらされることになった。当時のある目撃者によると、指揮者だったカール・エリアスバーグは「今にも羽がもげ落ちそうに

タイム誌（1942年6月20日号）の表紙

なっている傷ついた鳥のような出で立ち」だったとか。演奏家たちにとっては、果たして実現できるかどうか皆目わからなかったとしても、何かのプロジェクトのために働くということ自体が彼らを奮い立たせたようだった。

　ヴィクター・コズロフがこの最初のリハーサルについて話し始めると、彼がこのことを、私に、ジェレミーに、マイクロフォンに、そして聞いてくれる人なら誰にでも、心底話したがっているのは明らかだった。コズロフの質素なアパートのひと隅では、彼の妻が――小柄な小鳥のような女性で、その顔に刻まれた皺は、彼女も耐え忍ばなければならなかったひどい食料不足を証明しているかのようだったが――熱心に前のめりになって、明らかに夫を促しているのだった。彼の言葉はよく準備されたもののように聞こえた。「われわれはリハーサルを始めました。ちょうど飢えが一番ひどい頃で、誰もがひもじかった。ずっと食べるものがない状態で、そこに座って演奏しました。最初のリハーサルは15分から20分でしたが、われわれ吹奏楽器の奏者は、まともに演奏することができませんでした。唇に力が入らないから力むことができず、唇でしっかり楽器をくわえられなかったのです」。ショスタコーヴィチはたいていクラリネットを重用するが、レニングラード交響曲もその例に漏れない。おまけにこの音楽は、複雑で、技術的にも感情的にも困難で、掌握するのが難しいものだった。チャイコフスキーやリムスキー=コルサコフといったロシアの偉大な作曲家の作品に親しみつつも、もっぱら赤軍楽団で行進曲やダンス音楽を演奏していたコズロフのようなクラリネット奏者にとってさえ、十分すぎるほど「前衛的」なものだったのだ。

結局オーケストラは、交響曲の通しリハーサルがかろうじて一回できただけだった。そして1942年8月9日、レニングラード交響楽団の大ホールでの本番となる。重要なのは、この日こそヒトラーが、レニングラードの陥落を祝福して、かの有名なレニングラード市内にあるアストリアホテルにおいて、それなりに盛大な饗宴をする日だったのだ。彼はかなり前にそのためのチケットさえ印刷してあった。そのかわりに彼の軍隊は、市内に残っているまだへこたれていない市民が、信じがたいことに巨大な交響曲を演奏するのを聴く羽目になった。ソ連のドイツ軍攻撃部隊の指揮官だったゴヴォロフ中将が、ドイツ軍前線に向かって巨大なスピーカーを通して演奏を放送するよう命令したのだ。明らかにゴヴォロフには助手がいて、交響曲の楽譜を見ながら、いつ静かな楽節が来るかを彼に教えていた。ショスタコーヴィチの長い張り詰めたピアニッシモの間中、爆撃も砲兵射撃もあってはならない。敵にすべてを聴かせなければならないからだ。これについては逸話があって、この驚くほど不可能に近い放送の間、一人のドイツ軍将校が「こいつらを打ち負かすことなんかできやしない！」と口走ったという。多分作り話だろうが、そう思った人は多くいたに違いない。

もちろんホールの中で、そして街中で、それは一大センセーションを引き起こした。数人の報告によると、スタンディングオベーションは1時間にも上ったという。当時の観客がどれほど衰弱していたかを想像するに、それはまったく驚くべきことだ。「おお、イエス、観客はそれはそれは喜びました」。コズロフは前のめりになって私に触れんばかりで、その目は涙ぐんではいたが輝いていた。「人々は立ち上がって、拍手喝采でした。何と指揮者に花をささげた女性までいたのです。思ってもみてください、街中にはまったく何一つなかったんですよ！　それなのにこの女性はどこかから花を見つけてきたんです。何と素晴らしいことでしょう！」。それから続いて大事なことが起こった。これは現実逃避でも、むなしい希望でも、絶望的な願望というのでもない。実際その正反対だった。「音楽が包囲攻撃そのものを反映していたので、人々を揺さぶったのです。戦争の只中にあって、誰もがこの音楽を共に分かち合い、理解したと感じた。レニングラード包囲攻撃の真っ只中においてさえ、あのような音楽が演奏されたということに心底驚き、感動したのです」。そこにあったのは抵抗の音であり、「われわれは、まだここに立っているぞ！」という壮大な集団の叫びだったのだ。しかし他のこともここでは起こった。ショスタコーヴィチの音楽の魅力について考える時にしばしば気になっていた不可解な謎が、今は強く頭をもたげた。つまり、レニングラード交響曲の中でショスタコーヴィチは、恐怖に対して鏡を高く掲げて、すべてを失ってしまった人々にその「恐怖を映し出し」て見せた。それに対して彼らは、まったくその通りだと歓声を上げて喜び、彼らの気持ちを形にして見せてくれた作曲家に対して感謝したのだ。

ここまできてヴィクター・コズロフは、誇らしげにしばし沈黙した。話をすることで当時がよみがえり、再び現実となって表れてきたからだ。彼は——われわれも一緒に——交響楽団のホールにいて、生き残ろうとし、抵抗し、残酷な破壊や恐るべき苦しみにすすんで立ち向かおうとする、人間の自然な意志の表れに、言葉も出ないほど感動したのだ。しかしBBCの研修に基づく内なる声が、私に他の質問をするよう促してくる。恥ずかしながら私が思いついたのは、いわゆる「それでどのように思われましたか？」という定番の質問とさして違わない。ためらいながら「もしこの音楽をあなたが今日聴いたとしたら、同じ影響があるでしょうか？」と尋ねた。次に起こったことは、それまでの問答からはまったく予想できなかった。あたかも感情の津波がそのアパートを飲み込んだかのごとく、突然コズロフ夫妻はともに体をぶるぶると震わせながらむせび泣き始めた。これを書いている今でもあの時の感触をありありと思い出すが、彼は私の下腕をむんずと摑んで、かろうじて絞り出すように言った。「言えない、とても言い表せない」

ショスタコーヴィチは抵抗者だったのだろうか？

そこで終わりにしてもよかった。人生を変えてしまうような音楽の力を目のあたりにするたびに、彼の言葉が鐘の音のごとく響き渡って聞こえてくる、「とても言い表せない」と。音楽の影響には、分析することを拒否するような何かがある。哲学的、心理学的、神経科学的、あるいは他のいかなる理性的な手法をも拒むような何かが。詩が一番近いのかもしれない。われわれに深い影響を与えるものが、基本的には説明不可能だという事実は、ある人々にとっては慰めであり、他の人にとってはいらいらすることなのだろう。ジークムント・フロイトの有名な音楽への「反感」を見てみよう。フロイトにとっての問題は、彼が音楽に影響されなかったのではなく、なぜ音楽に影響されるのかを彼自身が説明できなかったところにある。「なぜ私は心動かされるのか、一体何が私の心を動かすのかについて理解することなく、ただひたすら心動かされてしまうということに対して、私の中にある理性的あるいは分析的な知性の部分が、抵抗してしまうのだ」と。

コズロフの言葉とあの腕を摑んだ力の中に、どれほどたくさんの思考の流れが詰まっていたのかを理解したのは、彼との出会いからだいぶ経ってからだ。彼のアパートを後にしてまだ会話の余韻に浸って少しボーッとしている時、最初に私の頭をかすめたのは、当時猛烈な勢いで論争の的となっていた事柄についてであった。英語圏では、ショスタコーヴィチのレニングラード交響曲と彼の他の主な作品が持つ、推定される「意味」について喧々囂々の議論が交わされ、それらはまったく「むかつくほど」（という言葉を当時私は使っていたのだが）、どうでもいいものだった。この論争の口火を切ったのは、1979年に出版された『ショスタコーヴィチの証言』〔以下『証言』〕で、それは「ソロモン・ヴォルコフ〔ロシアの音楽学者〕が関与して編集したショスタコーヴィチの回想録」という触れ込みだった。『証言』のうち、どの程度が純粋にショスタコーヴィチ自身のもので、どの程度がソロモン・ヴォルコフが手を入れ、曲解し、あるいはまったく創作したものなのかについて、この本を書いている2017年の段階でも、まだ解決には程遠い。ヴォルコフは確かにショスタコーヴィチを知ってはいたが、果たして作曲家の最もプライベートな、政治的に危険な思考についてまで、彼を信頼して託すほどに親しかったのだろうか？　彼らの関係についての報告はいろいろだ。

『証言』の中で、批評家が即座に食いついたのは、レニングラード交響曲に関する一節だった。ここで「ショスタコーヴィチ」が言うには、「交響曲第7番は、戦争が始まる以前から予定していたものなので、ヒトラーの攻撃に対する反動だという風に見ることはできません。『侵攻テーマ』は、攻撃とはまったく関係がない。このテーマを作曲している時は、人類に対する他の敵を想定していました」と。この「侵攻テーマ」は、軍のスネアドラムによるコンスタントなリズムを背景にした快活な行進曲風のメロディーで、兵士たちが口笛を吹きながら戦線に出発するところが想像できる。最初は、あたかも遠くから聞こえる音のようにとても静かに始まって、次第に量と強度が上がるにつれて、当初の快活さが脅威に変わっていく。それは侵攻する軍隊のようであり、主な二つのフレーズは、ヒトラーが好んだと伝えられるフランツ・レハール〔オーストリアの作曲家〕のオペレッタ『メリー・ウィドウ』の有名なメロディーを反映したものだ。しかしながら『証言』によると、これをヒトラーへの批判と取るのはまったく的外れだという。「実際、交響曲第7番を『レニングラード』交響曲と呼ぶことは問題ありませんが、これは〔ドイツ軍による〕包囲攻撃下にあるレニングラードのことではなく、スターリンが破壊して、ヒトラーが単にその仕上げをしたにすぎないレニングラードのことなのです」と。

ショスタコーヴィチに関する「対抗解釈」という一大分野は、こういった一節から始まった。つまり、ショスタコーヴィチは忠実なソビエト社会主義者であり、音楽を通して党の価値観のぶれることなき支持者だったという解釈を離れて、実は彼は真の怒れる抵抗者だったのだとする新たな議論だ。彼の表立った服従は仮面であり、それを少しズラして、同様に苦しんでいる人たちに、仮面の裏にある彼自身の真の苦しいしかめ面をのぞかせているのだと。議論は次第に驚くほど辛辣になっていって、解釈に少しでもニュアンスを含ませることさえ拒絶するような態度には、ただ唖然とするしかないほどだった。まさに「拒絶」するのだ。例えば交響曲第7番に対して「スターリンが・破壊した・レニングラード」という視点を持つ人たちは、ヴォルコフが描くショスタコーヴィチが、「これは包囲攻撃下のレニングラードではない」という点について、そして交響曲をいつ・なぜ書き始めたかという点について、その1ページ前に矛盾したことを語っているのを、無視しているのだ。

「私は交響曲第7番『レニングラード』を、とても早く仕上げました。書かざるをえなかったからです。戦争はそこら中にあったから、私は人々と一緒にいなければならなかった。われわれの国が戦争しているイメージを作り上げて、音楽の中でそれをとらえたかった。戦争が始まった直後から、ピアノの前に座って仕事を始め、猛烈な勢いで仕事をしました。われわれの時代について、そして敵に勝利するという名目のもとに、力と命を捧げた同胞たちについて書きたかったのです」

ソロモン・ヴォルコフでさえ、ショスタコーヴィチは「しばしば自分自身と矛盾する」ことがあると認めているのだが、新しい解釈をしようとする人たちにとっての大きな課題はここにある。一体どちらが「真実」なのか？　両方ということがありうるのだろうか？

あるいはどちらでもないのかもしれない。1973年、『証言』に収められているソロモン・ヴォルコフとの会話があったとされている年に、ショスタコーヴィチには、彼の音楽の反体制的な要素をとりわけ誇張したい、それなりの理由があったのかもしれない。彼は後世の人たちがどのように彼を見るかについて、心配していたふしもある。友人たちは、ソビエト体制に連座することに対して、彼がどれほどひどく苦しんでいたかを証言する。生き残るためにはリップサービスも必要なんだから、などという慰めは無意味だった。そして、いわゆる「生存者の罪悪感(サバイバーズ・ギルト)」というものも、明らかに関与していた。多くの善良な勇気ある友人たちや同僚たちは死んでしまったからだ。それなら、彼が生き残っていることは何を意味しているのか？　ヴィクター・コズロフの話を聞きながら一つはっきりしたのは、ショスタコーヴィチが比較的平穏な環境で回想した1973年と、彼とその同胞のレニングラード市民たちが時々刻々生存のために汲々としていた１９４１〜42年の冬との間には、いかに大きな隔たりがあるかということだ。

コズロフに会う直前に、レニングラード交響曲の手書き楽譜を、レニングラード包囲攻撃ミュージアムで見た。第1楽章、それはショスタコーヴィチが包囲攻撃下にあるレニングラードから撤退する以前に書かれたものだが、そこには不思議な丸い記号が、いく枚かのページの頭に記されている。これらはショスタコーヴィチの母親によって書き加えられたもので、空襲があるたびに、息子がどこまで作曲し終わっていたのかを示していた。ロウソクの火の下、栄養失調で、凍えるほど寒く、サイレンが鳴るたびに死の恐怖におののきながら（「侵攻」部分の一部では、ホルンやトロンボーンを通して、それらを聴くことができる）作曲していたショスタコーヴィチの心には、おそらく、彼の故郷の街を破壊した最終責任は誰にあるのかということより、もっと他のことが去来していただろう。コズロフとの会合のすぐ後で、われわれの通訳をしてくれたミーシャが、おそらくロシア人が最も得意とするやり方で、この問題のイメージを掬って見せてくれた。「二人の男たちにボコボコにされている時には、どっちの方が殴り方がひどいかなんて、おそらくほとんど考えていない。ひたすら早く止めてくれと願ってるだけだ」

音楽が生む「私」から「われわれ」へという感覚

ショスタコーヴィチや、コズロフや、オーケストラの音楽家たち、そしてホールにいた聴衆や、街中で聴いていた人々にとって、この音楽は、何といってもサバイバルを意味しており、すべての苦悩と恐怖を反映していたこの音楽を通して、逆説的に苦悩と恐怖を超越することを意味していた。さらに、ヴィクター・コズロフが、こちらの息が止まるほどの強さで腕を摑んだことで、私自身の、音楽に対する、特にショスタコーヴィチのそれに対する、それまで抱いていた考えや感情が大きく揺さぶられることにもなった。何年も経ってから、哲学者ロジャー・スクルートン〔英国〕との会話を通して、この点は明確になり確信に変わった。彼は、「他の作曲家が音楽の中で『私』と言うところを、ショスタコーヴィチは『われわれ』と言う」、そこを高く評価していると語っていた。私には彼が何を意味しているかがすぐにピンときて、具体的なショスタコーヴィチの音楽が次々と頭に浮かんできた。『レニングラード交響曲』のオープニング・テーマをとってみよう。あの有名なタイム誌の表紙で、ショスタコーヴィチのしかめ面の額から流れ出していたあれだ。それは、オーケストラの弦楽器が総出となる楽譜で、軍隊のトランペットとドラムのリズムを伴った、明るい自信に満ちた長調で書かれている。初めの頃に強気だったこのテーマは、いくつかの重要な変化を遂げていく。第1楽章のクライマックスではとてつもなく悲劇的になり、しばらく希望的になってから、楽章の終わりではすっかり意気消沈してしまう。交響曲の最後になると、それがまた復活して、長調に戻り、吹奏楽団が追加されて強大な力となる。ティンパニーとベースドラムが率いる断固とした短調の猛攻撃にもかかわらず、超人的な力の賛歌が勝ち誇る。これは確かに集団の声であり、「われわれは生き残るぞ」という巨大スケールの合唱賛歌だ。誰が何と言おうと、これは確かに「われわれ」を表現しているのだ。

あるいは、もう少し繊細な、おそらくよりはっきりした例を、交響曲第5番のゆっくりとした第3楽章から拾ってみよう。この作品は1937年、ショスタコーヴィチのキャリアの中でも、より孤独な危機の時代に書かれている。レニングラード交響曲の最後に出現する巨大な集団的意志とは対照的に、この楽章はずっと個人的な事柄を語っているように見える。その中核には、儚(はかな)く薄い弦楽器の伴奏に乗せて、一連の長い荒涼とした木管楽器のソロがあり、張りつめた孤独の感触が漂う。ところがその後しばらくの間、ロシア正教会の合唱がメランコリーな祈りを唱えているかのような、シンプルかつ豊かなハーモニーを通して、弦楽器が粗い粒子の光で満ち満ちたように奏でられ、悲しみの詰まった疎外された声は、突如として一人ではなくなる。苦しみが共有されるのだ。

興味深いことに、二人のソ連の批評家がこのメッセージを聴き取ったようだった。組織的宗教に対する共産党の立場もあってか、二人とも、ロシア正教会へクレジットを与えることはしなかったが。交響曲第5番を初めて聴いた後、音楽学者のボリス・アサフィエフは、「巨大な争いを想起させるような、このとらえどころのない、繊細な、心を揺さぶる音楽は、近代の人間が直面している問題の真の記述となっている。つまり、一人の個人や数人というのではなく、人類が直面している問題の」と述べた。スターリンの忠実な文芸専門の側近であり、偉大なロシア小説家の遠い親戚にあたり、自身も優れた作家であったアレクセイ・トルストイは、もっと踏み込んでいた。交響曲第5番の第1楽章は、深刻な「心理的危機」を表しているが、第3楽章になると「個性は、それを取り巻く時代の画期的出来事（エポック）の下に隠れていって、その出来事（エポック）と共鳴し始める」のだと。公式の「社会主義リアリズム」特有の言葉を使ってはいるものの、アレクセイ・トルストイも、第3楽章では「私」が「われわれ」になったと理解したのだ。

これら二人のコメントを読んだことで、以前からうすうす気づいてはいたけれども意識していなかったことに焦点が合い始めた。ヴィクター・コズロフが私の腕を摑んで泣き、私も思わずもらい泣きした時から少しずつわかってきたのは、私自身の「私」から「われわれ」へのぎくしゃくした移行プロセスに、ショスタコーヴィチの音楽が果たした役割についてであった。

あの時まさに、私が注意深く守ってきた防壁が崩れ始めたような感じだった。それまでは何と言おうと心の中では、音楽を聴くことは最終的には個人的な孤独な行為だと信じていた。もちろん、音楽が人生の最も情熱的な経験を共有する機会を与えるということも知ってはいた。コンサートやフェスティバルや時には車のラジオを通して、他の人たちと一緒に音楽を聴く体験は、特別な感情的つながりをもたらす。他の人たちと一緒に演奏すれば、それが弦楽四重奏団だろうがフットボールの観客席でのチャント〔応援歌〕だろうが、つながりの感覚はさらに強くなる。それは頭ではよくわかっていたが、腹の底からそう感じていたかどうかは別問題だ。正直に言うなら、他の人たちがいかに感動しているかを見たり聞いたりした場合でも、他人の音楽経験というものには何かしら計り知れない部分が残る、と議論したことだろう。どのみち他人の心や体に入って、彼らが何を感じているのか感じることはできないのだから、と。私にとって音楽は、特に注意を払ってクリエイティブに音楽を聴く経験は、夢を見るのに似ていた。夢を見ることについては、英国の詩人ロバート・ヘリックがうまく描写している。「昼にはわれわれは一緒だが、夜になると皆投げ出される、夢によって各自それぞれ別の世界へ」。ヴィクター・コズロフが私の腕を摑んだ時、私は自分の夢からゆり起こされたように感じた。彼の手の圧力や、傍(そば)で泣き崩れたその声で、彼が何を感じているのかを感じることができた。ショスタコーヴィチの『レニングラード交響曲』が彼をどのように感じさせたかを、人並みには理解したのだ。

共感（エンパシー）を感じる脳

「共感（エンパシー）」をチェンバー辞典（ＴＣＤと呼ばれる、時折はさむウィットを交えた解説が人気の辞書）で引くと「他人のパーソナリティに入っていって彼や彼女の経験を想像上で経験する力」とある。２００３年、ワシントン大学の「学習と脳科学研究所（Institute for Learning and Brain Sciences）」が「人間の共感力の一つの基本要素は、人間同士の感情の共有」だとはっきり提唱した。この「共有」という部分を強調しておきたい。研究実験の参加者は、痛みを伴う状況に置かれた手と足のイメージを見せられている間、ＭＲＩ（磁気共鳴画像法）で脳をモニターされた。

「結果は、他の人がどれくらい痛みを感じているかを（被験者が）認識すると、左右両方の脳のいくつかの部位、特に、前帯状皮質、前島皮質、小脳、そしてそれらよりは弱いが視床に、それぞれ有意な変化が見られた。これらは、痛みの処理に重要な役割を果たす領域として知られている」

言い換えれば、「あなたの痛みがわかる」という言葉は、必ずしもそれほど実体を伴わない発言ではないということだ。妻のケイトが心理療法（セラピー）の仕事をしている時に何度か起こったことだが、クライアントが何か重大な個人的告白をする直前に、彼女ははっきりとした身体的感覚を感じることに気づいたという。まるでケイトの体が、クライアントが言葉で説明する前に、クライアントが感じていることを知っていたかのように。共感（エンパシー）する能力、すなわち他人が感じていることを感じる力は、われわれが感情を持った存在となる最初の頃、そしてそれ以前とも関係しているのだろう。先に引用したワシントン大学の研究より約半世紀も前に、アメリカの脳神経学の先駆者ポール・マクリーンは、(1)育児と母性、(2)聴覚と声によるコミュニケーション、(3)遊び、という哺乳類の三つの行動から発達した「辺縁系」――われわれの基本的な感情を処理する神経群とそのネットワークの体系――という概念を提唱した。『三位一体脳の進化〔*The Triune Brain in Evolution*, 1990〕』*1の中で彼は、「辺縁系の進化の歴史は哺乳類の進化の歴史であり、哺乳類の進化の歴史は、家族の進化の歴史である」と書いている。これら

脳内の部位

❶ 前頭前皮質／❷ 前帯状皮質
❸ 視床／❹ 扁桃体／❺ 海馬
❻ 小脳／❼ 脳幹

の言葉を読んでいると、この本の冒頭で引用したカフカの『変身』の一節を思い出す。カフカの物語の中で、グレゴールの変身が彼を家族から切り離してしまう痛ましい様子が細部まで描かれることで、彼の孤立感はゾッとするほど際立ってくる。妹の弾くバイオリンの音が、たとえ一瞬の間ではあっても、彼女と再びつながることができるかもしれないという希望を復活させ、ゆえに彼が妹と目線を合わせようとする努力が、一層痛ましく心を打つのだ。

これらの言葉を書く傍から、記憶が私の意識の中に蘇ってくる。私は13歳で、ベッドに横

＊1　ポール・マクリーンが提唱した「三位一体脳」説は、人間の脳は最も原始的な爬虫類の脳（脳幹、小脳など）と、感情や長期記憶などを司る辺縁系（海馬、扁桃体、視床、帯状皮質など）、そして様々な判断を司る新皮質という三つの脳からできていて、それぞれ進化の過程で順々に脳が大きくなっていくことで発達したとする。この説をまとめた集大成『三位一体脳の進化』（１９９０、日本語版は『三つの脳の進化　新装版』法橋登訳、２０１８、工作舎）は、天文学者カール・セーガンが、ピューリッツア賞を受賞した著作『エデンの恐竜』の中で紹介したことによって、広く知られることになった。これまで三位一体脳説そのものはいろいろと議論されているが、この学説が多くの人々を魅了したことで脳科学の進展に大いに寄与した。

たわりながらも、眠れずにいる。眠れない理由は、恋に落ちたのと同じような感覚で、ただその対象が人間ではなく一編の音楽だということだ。私はショスタコーヴィチの交響曲第5番を、近くの図書館から最近借りてきたばかりだった。交響曲、特に暗い短調の作品に対する少年時代の熱中は、次第により難易度の高い新たなレパートリーへと進んでいった。第5番は、最初圧倒的に20世紀的な音に聴こえた。それまでよく聴いていた19世紀のロマンティックなオーケストラ音楽と比べて、間違いなく「モダン」だった。それでいてこちらを聴き続けさせる何かがあって、より深い意味や理解を求めて繰り返し聴いていた。そうこうするうち、この音楽は、チャイコフスキーやマーラーと同じくらい感情的に揺さぶられると同時に、ベートーベンと同じくらい決然とした目的意識を持ったものだ、ということが明らかになった。しかし、ソ連の批評家アサフィエフとトルストイが、孤立した個人の「心理的危機」を嗅ぎ取った、あのゆっくりとした第3楽章のカーテンの裏に隠された真の意味をとらえるには、まだしばらく時間がかかった。もちろん13歳の私には真の意味を知る由もなかったし、スターリン独裁体制下における作曲家の生活については、今でさえやっと理解の緒に就いたばかりなのだ。それでもこの音楽は、特にある一節が、私を魅了すると同時に絶妙に悩ませもする。

第3楽章に入ってから約2分後、弦楽器が心にしみる歌を奏でて高まってから静かになった後、ちょっとした休止があって、さらに多くのバイオリンが、短いけれども言葉にならないほど表情豊かなフレーズとともに入ってきて、一つの音が三度も繰り返され、それからちょっと下がっていく。それが今度は高い音域で再び聞こえてきて、何かに向かうように高まっていくにつれ、その痛ましいほど甘美な悲しみが強まっていく。この部分が私の頭の中で繰り返し聞こえてきて、ちょうどそれはドイツ語でいうところのOhrwurm（オーアヴルム）〔「イヤワーム」‥耳にこびりついて離れない音楽〕のようになった。一つだけ違うのは、それが止まってしまわないことを私がひたすら願っているという点だ。まるで自分が愛する人の顔の、特別美しい部分、例えばその目などに、焦点を当てようと努力しているような感じで。何年も経ってから、これが、カフカのあの素晴らしい一節の中で、グレゴール・ザムザが妹と目を合わせようとする部分にひどく似ていることに気づいた。そうすると当然ながら、続いてあの質問が出てくる。「もし音楽が彼をこのような気持ちにさせるのなら、彼はどうして粗野な獣などであろうか？」

スターリンによる「大粛清」

多くの作曲家は重要な作品の初演時に、「生きるか死ぬか」といったような思いをするのだが、ショスタコーヴィチの交響曲第5番の場合、それはまったく文字通りのものとなった。

ヨシフ・スターリンによるソビエト共産主義ユートピアの下での命の値段は、実に安いものだったようだ。1937年の交響曲第5番の初演までには、10年に及ぶ弾圧と粛清が続いていた。共産党の「書記」を自称するスターリンが、自身の権力基盤固めを冷酷無比に進めたからだ。フランス革命後に起こったロベスピエールによる国家大殺戮キャンペーンにならって、ロシア人たちはこの期間のことをしばしば「大粛清〔The Terror〕」[*2]と呼んでいる。ひどくばかげた恐ろしい「見せしめの裁判」が行われ、人々は公に自分が思ってもみなかったような犯罪の告白をさせられた。狂ったような非難告発が行われ、人々は自分を守るために、他の誰か、おそらく友人や時には自分の家族の一員さえも、指弾することがあった。

ただ単に「消えてしまう」人たちもいた。1990年代に出会った老人の話によると、スターリンによる「大粛清」只中の1936年に、彼は友人たちのアパートで彼らと夕食をともにしたという。典型的なロシアのパーティーで、ウォッカを傾けながら夜が更けていき、友情をたたえて乾杯し、慎重に暗号化された言葉で将来の希望を語ったりもした。しばらくして彼がその友人たちのアパートの前を通りかかると、そのドアには板が打ち付けられ塞がれていて、中には人の気配もない。近所の人に「イワノフたちはどこにいるの？」と聞くと、返ってきたのは「え、誰だって？　そんな人は知らんなぁ」というぶっきらぼうで怯えたような答えだったという。ショスタコーヴィチ自身も、ソビエト連邦のスター作曲家であり、「赤いベートーベン」と呼ばれさえしていたにもかかわらず、ベッドの下には常に荷造りしたスーツケースが用意してあり、いつ未明にドアがノックされることがあってもいいようにしていたという。彼の親しい友人であり支援者だった音楽学者のニコライ・ジリアエフは、ショスタコーヴィチが交響曲第5番を作曲している頃に、逮捕され処刑されてしまった。時の権力者たちは、これがこの作曲家に及ぼす影響を、よく計算していたことだろう。次は彼なのか？　と思わせるようにしたのだ。晩年にショスタコーヴィチが住んでいたモスクワのアパートを訪問した際、あと一つ置く隙間さえ残っていないほど、部屋中時計だらけだったことに驚かされた。どうやらショスタコーヴィチは、警戒心で眠れない夜、これらの時計のチクタクという音を聴いて安らぎを得ていたようだ。この安定した鼓動音はいくつかの主要作品の中で聴くことができるが、1935～36年にかけて作曲された交響曲第4番の中では際立っている。

＊2　スターリンは強い権力欲と猜疑心のため、NKVD（内務人民委員部）を使って、わずかでも反抗の疑いのある共産党幹部、一般党員や民衆、科学者、音楽家をはじめとする文化人など、告発をもとに次々と処刑もしくは強制収容所送りにし、約六百万～九百万人が犠牲となった。特に「大粛清」と呼ばれる1937～38年の間だけでも、約七十万人が犠牲となった（ティモシー・スナイダー『ブラッドランド』2010参照、日本語版は『ブラッドランド』〈上・下〉、布施由紀子訳、2015、筑摩書房）。

巧みに工作されたこの地獄がもたらした最も悲惨なことは、人々が生き延びるためにどのようなことをしても、どのような犠牲を払ったとしても、最終的には誰もが負け犬になったことだ。ナジェージダ・マンデリシュターム〔ロシアの作家・粛清された詩人オシップ・マンデリシュタームの未亡人〕はその著書『希望に抗う希望〔*Hope Against Hope*〕』〈未邦訳〉の中で、彼女が生きた時代を痛烈に記録している。

「誰であろうとあの空気を吸い込んだ者は、たとえ偶然に生き残ったとしても、死んでしまった。死者はもちろん死んでしまったわけだが、それ以外の者たちも――死刑執行人たち、イデオロギー信奉者たち、推進者たち、協賛者たち、目をつぶり手を洗った者たち、夜じゅう歯ぎしりしていた者たちでさえも――すべてがこの恐怖の犠牲者だったのだ」

一夜にして凋落を招いた『マクベス夫人』

彼の名声やプロパガンダの道具としての価値を考慮に入れたとしても、この頃のショスタコーヴィチの立場は、非常に危ういものだった。なぜなら交響曲第5番を作曲する以前に、数多あるアーティストのキャリアに起こった逆転劇の中でも、最もひどいとみなされるような運命の逆転が起こっていたからだ。半分皮肉っぽく半分悲劇的なオペラ『ムツェンスク郡のマクベス夫人』は、1936年までは、ソビエト連邦の最も誇るべき文化の表現であるとされており、世界中のオペラ劇場を席巻し、本国でも2年間途切れることなく上演されていた。そしてとうとうスターリンがそれを見に行ったのだ。なぜ、スターリンがソ連邦の創造性（クリエイティビティ）の象徴ともいうべき芸術作品を査察するまでに、それほど時間が経過したのかは今もって謎だが、その後に起こったことは実にはっきりしていた。政府の新聞「プラウダ」に論評が掲載されたのだ。無記名であったが、多くの読者は、誰が書いたのか、もしくは少なくとも誰の声を反映したものなのかすぐに気づいただろう。タイトルからしてすでにひどいもので、「音楽と言うより混沌だ」。さらに記事の内容はそれに輪をかけてひどかった。ショスタコーヴィチは、この音楽を書くことによって明らかに罪を犯したのだ、と。彼はロシア人民の顔とその崇高なる社会主義の志に汚物を投げつけた、とも。記事の最後の文章は即凍りつくほどで、「おそらくひどい結末が待っているだろう」。

スターリンがなぜ気に入らなかったのかについては、様々な理由が取り沙汰されてきている。舞台の裾の金管楽器集団の近くに彼の席をしつらえたのがまずかったのだとか、オペラの、あからさまなベッドルームのシーンをはじめとした性的に際どい内容が問題だった、など。スターリンは冷酷な大量殺人独裁者かもしれないが、猥褻（わいせつ）なものには一線を画していたようなのだ。あるいはまた、1953年のスターリンの死まで続けられた、ショスタコーヴィチとの間の恐ろしいイタチごっこの一つにすぎなかったのかもしれない。スターリンは、自分が気に入った人たちとそのようなゲームをするのを好んだとも言われている。それは、スターリンのように精神的に冷酷無情な人間でも、誰かを「気に入る」ことがあるとすればの話だが。もしかすると、スターリンの態度は、1936年に偉大なるロシア音楽の「ドラ息子」〔『プロコフィエフ作曲のバレエにも同じタイトルがある〕セルゲイ・プロコフィエフが、亡命〔彼の場合は許可された海外在住〕から戻ってきたことに影響されていたのかもしれない。これでソ連邦には二人の国際的に著名な音楽の天才がいることになったので、そのうちの最初の方を過保護に扱う必要性が低くなったというわけだ。

クレムリン〔モスクワにある旧ロシア帝国の宮殿で、ソ連時代は政府官邸として使用され、ソ連共産党の別名ともなる〕が何を考えていたのか知らないが、ショスタコーヴィチは、苛酷な選択を迫られることになった。芸術的にも政治的にも時の政権にすり寄るのか、それとも多くの彼の友人や同胞たちと同じように、沈黙して、おそらく姿を消すのか、という。しかしソ連政権にすり寄るならば、「社会主義リアリズム」の必須条件を満たすものを何かしら生み出さねばならない。スターリンのまさしく右腕だったマクシム・ゴーリキー〔ロシアの作家〕は、1932年の私的会合で、この漠然としたコンセプトを定義しようと試みている。オーランドー・ファイジズ〔英国の歴史学者〕によると（『ナターシャの踊り：ロシア文化史』）、ゴーリキーは社会主義的リアリズムを「ソ連邦における質素な毎日の生活の描写と、革命の壮大なる展望のビジョン」との組み合わせであると考えていたという。しかしこのコンセプトが1934年にソ連作家組合の最初の大会で紹介された時には、それははるかに頑なな概念となっていた。すなわち芸術家の仕事とは、ソビエト社会主義ビジョンの「正当性を確認する」べきものとなったのだ。党の方針に異議を唱えることなどまかりならない。そこから「逸脱した」ことで咎(とが)められた作家は、厳しく非難され、それよりひどいことになる場合もあった。

ナジエージダ・マンデリシュタームが書いているように、芸術においても、毎日の生活においても、「笑顔を作ることが絶対不可欠となった。笑顔でないということは、何かを恐れているか何かに不満があることを意味していたからだ」。恐れていたり、不満があるということは、単なる犯罪ではない。それは国家への裏切りとなった。W・B・イェイツ〔アイルランドの詩人〕の言葉を借りれば、「笑顔の公人」〔イェイツの詩 *Among School Children* の中では、「60歳の笑顔の公人」とはイェイツ自身のこと〕としてのショスタコーヴィチを写した複数の公式写真がある。写真家が同席している時には、英語で“Sixty Six”と言うことで、楽しそうに会話している印象を作り出していたという。もし望むなら彼は、この作り笑いに似た音楽を書くことさえできただろうが、その場合、芸術家としての誠実さは少しでも残るのだろうか？　この期に及んでは、スターリンのロシアにおいて多くの芸術家たちがしたように、権威に屈して党の方針に従わなければならないのか、それとも、自分自身に忠実であり続ける道を探って、おそらく彼とその同胞たちを飲み込む恐怖の目撃者となるのか？

失地回復と芸術的誠実さを同時に成し遂げた『交響曲第５番』

１９３７年11月21日、ショスタコーヴィチの新しい交響曲初演の日、満杯のレニングラード交響楽団の大ホールには、様々な不安感が漂っていたはずだ。必ずしもすべての人が彼の幸福を祈っていたわけではない。もちろんそこには敵もいた。赤いベートーベンの凋落とそれに続く除外とを切望している嫉妬深いライバルたちが。一方友人たちは、別のことを深刻に心配していた。この新しい交響曲が、おぞましい「スターリン賛歌」もしくは「壮大なソ連社会主義への賛歌」というようなものになっていて、ロシアの多くの都市に据えられて市の輪郭と外観を損なっている巨大な彫刻の仲間入りをしてしまうのではないか？　と。前兆はあまりよろしくなかった。初演の数日前、ショスタコーヴィチ自身が世界に向かって、この新しい交響曲は「公正な批判に対するソ連芸術家の回答」だと発表したという記事が掲載されたからだ。しかし数人だけは、どんなものが現れるのか知っていた。この新しい交響曲に息を吹き込む責任を負っていた、有望なる若き指揮者イフゲニー・ムラヴィンスキーもその一人だった。ムラヴィンスキーには、共産党書記長よりさらに高い位置に、判断を仰ぐ存在があったのだ。特筆すべきはムラヴィンスキーが、まだロシア正教会の信者であることを公表していた点だ。スターリンの無宗教天国においては、特に公の地位に就いている者にとって、それは危険な立場だったからだ。未亡人のアレクサンドラ・ヴァヴィーリナ・ムラヴィンスキーに直接聞いたことだが、彼女の夫は、神ご自身がロシアに偉大な悲劇の作曲家を遣わすはずだと固く信じていた――20世紀のチャイコフスキーやムソルグスキーと言ってもいい――その怒りや悲しみや慈悲や抵抗の声〔音楽〕は、ロシア人民の真の苦悩と精神を反映するものになるだろうと。ムラヴィンスキーは、交響曲第5番の全楽譜(スコア)を見るなり、求めていた人物を見つけたと確信したのだった。

そしてムラヴィンスキーの信念は見事に証明された。交響曲の最後に明るい長調への強引な転換があって、トランペットのファンファーレとドラムのドンドンドンというビートが、ショスタコーヴィチの第5番に強烈なエンディングをもたらした後、総立ちの大喝采が30分も続いたのだ。批評家のエイブラム・ゴーゼンプド〔ウクライナ出身の音楽学者〕は、2003年に私が会った時に（93歳だがまったく明晰だった）、当時、最後の大打音小節が終わった後、息をのむほどの静寂が永遠に続くかと思われてから、突然割れんばかりの拍手喝采の波が湧き上がったことをよく覚えていた。エリザベス・ウィルソン〔英国のチェロ奏者・伝記作家、*Shostakovich: A Life Remembered* 著〕も、ショスタコーヴィチの評伝の中で、グラモフという作家の回想をこう引用している。

「多くの聴衆は、フィナーレの間に次々と自然に立ち上がりました。その音楽は、電気のような力を持っていたのです。嵐のような拍手喝采が白い交響楽団のホールの柱を揺らして、イフゲニー・ムラヴィンスキーは全楽譜(スコア)を頭上に高く掲げ、この喝采と『ブラボー』という歓声を受けるのは、指揮者である彼でもなければオーケストラでもなく、この成功はこの作品の作者に帰属するのだと示していたようでした」

数日経ってから、いよいよ命運をかけた反応が出た。スターリンの信任を得た文化報道官アレクセイ・トルストイによる交響曲第5番の論評だ。トルストイの論評が、ショスタコーヴィチのキャリアと生命を救ったかどうかについては、議論の余地がある。もしトルストイがショスタコーヴィチを助けたければ、交響曲の明らかに悲劇的な表現と「社会主義リアリズム」の要求とを、うまくすり合わせなければならない。トルストイの解決方法は独創的なものだった。ショスタコーヴィチの交響曲第5番は、「パーソナリティの形成」を表現しているとを主張したのだ。つまりこれは、正しく再生されたソ連パーソナリティの登場というものを象徴している、と。第1楽章の対立と苦悩は、〔オペラ『ムツェンスク郡のマクベス夫人』に対する〕プラウダ紙による非難の後に起こった作曲家の「心理的危機」を正直に表現したものだった。そして、スケルツォ〔第2楽章、速いテンポの短い楽曲〕が小休止を提供してから、すばらしいラルゴ〔第3楽章〕についての彼の解説の中で、私たちがすでに目にしたあの妙に察しのいいコメントが出てくる。「個性は、それを取り巻く時代の画期的出来事の下に隠れていって、その出来事と共鳴し始める」と。これは、ショスタコーヴィチ自身のみならず、社会主義リアリズムの要求にどのように答えたらいいか苦悩していたすべての作曲家たちの将来にとってとても重要なことなのだが、適度に楽観的で肯定的な仕上がりでありさえすれば、悲劇的な表現も許されるということを意味していたのだ。トルストイの同僚ボリス・アサフィエフの方は、この交響曲に対する聴衆の熱狂的な反応こそがこの作品の本質的健全さを証明している、という風にうまいこと結びつけた。「われわれの聴衆は、退廃的で憂うつで悲観的なアートというものは、自然に受け付けない。われわれの聴衆は、明るく透明で喜びに満ちて楽観的で人生を肯定しているものすべてに、熱狂的に反応するのだ」（ボリス・シュワルツ〔米国のバイオリニスト・音楽学者〕による引用から）と。

　体制側の部署からのちょっとした助けもあって、どうやらショスタコーヴィチは見事な芸術的綱渡りをやってのけた。彼は、そういったことがまったく不可能だと思われていた時に、個人のそして集団の苦しみというものに音楽を通して声を与えたのだ。彼は自分を復活させたばかりか、必須条件である「人生を肯定する」ような結論を導く限りにおいて、悲劇的表現というものも復活させたのだ。しかし同時に彼は、結論をうまく操作することで、他の解釈の余地も残した。あのような苦痛と苦悩の焼けつくようような表現の後の、あの勝ち誇ったような大音響。この音楽が「反抗し過ぎ」ているように聴こえてしまうことはなかったのだろうか？　交響曲第5番の初演に居合わせた、若きチェロ奏者だったムスティスラフ・ロストロポーヴィチのような人には、第5番のエンディングは、楽天的どころか驚くほど悲愴に聴こえた。耳をつんざくようなファンファーレ、恐ろしいほど打ち続けるドラム、「勝ち誇った」表現である筈の長調への、狂ったようなこだわり。「これを額面通り受け取るなんてありえないでしょう！」とロストロポーヴィチは主張する。（残念なことに名前を忘れてしまったが）この初演に居合わせた別のロシア人音楽家も、「あれがどのようなものだったか、まったく想像できないと思う」と言っていた。「地獄にいる時、周りは虚ろにニヤニヤ笑ってこれは天国なのだと囁くアートばかり。その時突然音楽が鳴って、『違う、われわれは苦しんでいる、本当はひどく苦しいんだ！』と訴えてきたら、誰かがあなたの心の叫びに耳を傾けて、代わりにあえて声を上げてくれていることが嬉しくて、泣き出したくなってしまう」と。

音楽を聴くことは、その音楽と関係を結ぶことだ

1937年スターリンのロシアで、聴衆がなぜショスタコーヴィチの交響曲第5番が彼らに直接語りかけてきたと感じたのかを想像するのは、難しくない。しかし、それとはまったく異なる状況にあったにもかかわらず、あの音楽がなぜ13歳の私にあれほど強い影響を及ぼしたのかについて想像するのは、ずっと難しくなる。交響曲第5番の最後の方で、長い強引な最後の盛り上がりが始まる前に、とても印象的なことが起こっている。この状況では警告と呼んだ方がふさわしいかもしれない。ショスタコーヴィチの楽譜の多くには、しばしば他の作品からの引用やほのめかしが入っていて、それは彼自身の作品だったり、他の作曲家の作品だったりする。これらのしばしば謎めいた残響(エコー)の解釈をめぐっては、様々な議論がかまびすしいが、それらはすべて、ショスタコーヴィチが他の作品を引用するのは明確な理由があってのことだ、という前提に基づいている。実際には、彼の親しい友人であるイサーク・グリークマン〔ソ連の批評家〕が、交響曲第5番の音楽引用――ロッシーニ、ワーグナー、グリンカ、等々――について本人に尋ねたところ、ショスタコーヴィチは、「自分でもなぜ引用がそこに入るのかはっきりわからないけれど、それらを入れないということは、まったく、

まったく、まったくもって、考えられない」と答えている。

　ショスタコーヴィチが交響曲第5番の最後の方に入れた引用については、何か特別な意図的なものを感じる。彼は自分の作品の一つを引用しているのだが、1937年のレニングラード初演時点では、まだ公に演奏されたことがなかったため、ほとんど誰も聴いたことがないものだった。それは、交響曲最後のクレッシェンドに入る前のある静謐（せいひつ）な楽句で、前年に作曲されたショスタコーヴィチの『プーシキンの詩による四つのロマンス作品』〔Opus 46, *Four Romances on Poems by Alexander Pushkin*, 1937〕の第1番から、ハープが、繰り返しある姿を際立たせている。その歌は「再生」と呼ばれるものだ。野蛮人がやってきて、美しい絵画の上に自分の愚かな図形を塗りたくって、絵を台無しにする。しかし時を経て、とプーシキンは続ける、その野蛮人による上塗りは剝がれていって、真の元の絵が再び姿を現す、と。ショスタコーヴィチは、批評家たちが彼の新しい交響曲をどのように評価するのか前もって予測していて、彼らをからかう個人的なジョークを挿入したのだろうか？　それとも、私のようにショスタコーヴィチの音楽を自分のために「深読み」しようとする輩（やから）への警告なのか？　私の音楽の上にあなたのストーリーを落書きするなよ、という。

　ショスタコーヴィチの友人であり元生徒だった、作曲家のボリス・ティシチェンコ〔ロシア〕へ、サンクトペテルブルク市にある快適で古風な彼のアパートで話をしている時に、この質問を投げかけてみた。ちょうど、ティシチェンコの歓待と彼のチャーミングな率直さに触れるうちに、落ち着かない気持ちがし始めたところだった。またしても、ソビエト共産主義の下で人々がいかに耐えしのばなければならなかったか、というような話を聞いているうちに、彼らにとってどれほど大きな意味を持っていたのか、ショスタコーヴィチの音楽が、次第に罪のような意識が芽生えてきたのだ。はるかに自由で安全な国の市民であり、未明にくるドアのノック音に怯えることもなかった私のような者でも、この音楽が心に訴えかけてくるのだと主張していいものだろうか？　それに対するティシチェンコの答えは、予期しないものだった。彼は輝く笑顔で前かがみになり、私の目をじっと見つめた。「もちろん、それは大いにありうることです！　ショスタコーヴィチは、そうなるのを望んでいたはずです！　彼は自分の同胞や自分の時代だけに向かって作曲していたわけじゃない。ベンジャミン・ブリテン〔英国の作曲家・指揮者・ピアニスト、ショスタコーヴィチの親しい友人の一人〕を見てもわかるでしょう。彼はショスタコーヴィチの中に同じ魂を見出したのです！」

確かにその通りで、ティシチェンコがこう言うなり、キャロラインのことを思い出した。彼女は音楽広報の重役で、このラジオ・ドキュメンタリー制作の初期に、ジェレミー・エヴァンスと一緒に会いに行った相手だ。キャロラインによると、母親が亡くなった後、ショスタコーヴィチの交響曲第10番を繰り返し聴いていたという。友人が心配して言った。「〔ショスタコーヴィチの音楽を聴いて引きこもっている〕このような状態は暗すぎやしないか？〔英米の常套句だが〕『もっと外に出る』方がいいんじゃないか？」と。しかしキャロラインは、不思議にも自分自身の悲しみの過程を反映しているようなこの音楽を通して、自分の感情に向き合うことが、最終的には自分にとって助けになると感じたのだ。

ティシチェンコはその通りだというように頷いた。ショスタコーヴィチの音楽は、常に「私」ではなく、かといって偉大なロシアの集団的な「われわれ」というのでもなく、それは耳を傾ける人たちすべてのものなのだ。だから、〔ショスタコーヴィチの音楽が心に訴えかけてきたからといって〕われわれすべてが、ショスタコーヴィチの音楽キャンバスに自分の物語を無造作に描きなぐる野蛮人だというわけではないかもしれない。あるレベルでは、エルンスト・ブロッホ〔ドイツのマルクス主義哲学者・神学者〕が『ユートピアの精神』〔1918、日本語版は好村富士彦訳、2011、白水社〕の中で語っているように、「森に分け入ると、われわれは森の夢と一体だ、もしくは一体なのかもしれないと感じる」〔*The philosophy of Music*〕こともあるだろう。しかしそれぞれの木々は、そして木々を通して漏れてくる光もまた、十分にリアルなのだ〔必ずしも森の夢〔集団の夢〕と一体にならずとも、個々に音楽を十分楽しめる〕。一編の音楽を聴くということは一種の関係を作ることであり、それは特別な種類の関係なのだと今は確信をもって言える。そうなると問題は、ショスタコーヴィチの音楽への反応として、「私自身は一体何を夢見たのか、あの音楽が一体何を私にもたらしたと言えるのか？」ということになる。

四半世紀沈黙を続けた『交響曲第４番』の圧倒的な魅力

２０１０年5月、ラジオ番組〔BBC, *In Tune*〕で、バーミンガム市立交響楽団を紹介することになっていた。前半は私がショスタコーヴィチの交響曲第4番について話をし、オーケストラが私のコメントに沿った部分を演奏する。そして後半は、オーケストラがその交響曲全体を演奏するという仕立てだ。交響曲第4番も、感動的な裏話のあるショスタコーヴィチ作品の一つだ。１９３６年、プラウダ紙が「音楽と言うより混沌」と題した論評で、ショスタコーヴィチを社会主義の英雄から反人民的な無価値人間へとあまりにも突然に格下げした年に、彼が作曲していたのがこの作品だ。非難とそれに続く最下層民への突然の格下げショックにもかかわらず、ショスタコーヴィチは強い精神力でこの大作の全楽譜（スコア）を仕上げた。『証言』の中のより信頼度の高い一節で「ショスタコーヴィチ」は交響曲の終章についてこう語っている。「多数の背信を、個人的にはあまり気にしていませんでした。私は他の人たちと自分を切り離しており、そうすることはあの頃の私にとって救いでした。当時の私の考えは、知ろうと思えば、交響曲第4番の中に見つけることができるでしょう。最後のページにかなり正確に提示してあります」。このとても慎重な言い回しの中の「知ろうと思えば」という言い方に皮肉な鋭さが込められていて、これは彼の本音のように聞こえる。あたかも彼が自分自身を監視しているような話し方で、長い間非常に危険だった事柄について、たとえ内々ではあっても、オープンに話すことを恐れているようだ。

ここではっきりと説明されていないのは、なぜショスタコーヴィチが1936年に交響曲第4番を演奏することにこだわったのかという点だ。特にプラウダ紙による非難の後では、こういったひどく興奮したユーモアや見事なほどの暗黒の悲劇は、あまりにも刺激的すぎただろうに。結局友人たちが、この楽譜を引っ込めて他のことに集中するよう、彼を説得した。その結果が交響曲第5番となり、ショスタコーヴィチの奇跡的な再生へとつながったのだ。一方で第4番の方は、彼の机の引き出しにしまわれて、その後フルシチョフによる「雪解け」政策によってある程度の自由化が始まり演奏が可能になるまで、25年間演奏されることはなかった。イサーク・グリークマンは、1961年の世界初演の際、ショスタコーヴィチの隣に座っていた。

「この素晴らしい音楽のイントロがホールに鳴り響いた時、彼の興奮した心臓の鼓動は隣にいる私にまで聞こえてくるほどでした。彼はどうしようもないほどの不安の極みにあって、それはあの素晴らしい最終章が始まってからやっとのことで少し和らいでいきました……ちょうど聴き終わった時、まだその印象がフレッシュなうちに、ショスタコーヴィチは私に『交響曲第4番は、最近の私のどの作品よりもずっと高くそびえているようだ』と言いました……彼はこの迷子になっていた作品が持つ圧倒的な音楽の力を、心底から確認したのです」

交響曲第4番は、私がティーンエージャーの初期から中期にかけて最もよく親しんだショスタコーヴィチの作品だった。その長さ(およそ1時間)にもかかわらず、この交響曲は生き生きとしたエネルギーと、焼けつくような激しさと、最高のユーモアに満ちあふれ、おまけに大編成のオーケストラは目が眩(くら)むほど魅力的で、若い感受性の強い心を魅了するのは当然だろう。しかし、恐ろしい暴力と、突然のひどい気分の変動、そして最後の寂寥感の方はどうなんだろう? これらもすべて、なぜだか理由は説明できないが、当時の私に直接訴えかけてきたようなのだ。あの荘厳な最終章について、「これは壮大な不合理な結論だ」という批評をどこかで読んだことがある。もちろんこれは「不合理な結論」などではまったくなくて、感情的なロジックは完璧なのだ! フィナーレの中心で興奮したような滑稽さが出てくるが、あれはあきらかに自暴自棄から生まれたものだ。それから最終章が、2セットのティンパニーとドラムによる息をのむようなクレッシェンドで始まる。これは明らかに、巨大なサーカスのテントの壁が崩壊して、外からは見えないけれども、人々が意識していたもの、つまりテントの中にずっと存在していた恐怖と苦痛と荒廃とを見せつける瞬間なのだ。私はこの交響曲を繰り返し聴いて、全楽譜（スコア）に没頭し、長い散歩中やバイクに乗っている時に、頭の中でそれを再演していた（音楽と言葉に関しては、かなりいい記憶力に恵まれたと思う）。こういった心がかき乱されるような、心をかき乱すような音楽に対する飽くなき食欲には、何か問題があるのかもしれないという思いは、心の片隅にあったと思う。それでも、10年も経ってから、例のバーミンガムでのコンサートの幕間にケイトが私に言ったことは、まったく予想外だった。「あなたのお母さんと一緒に暮らすのは、あの交響曲のような感じだったのかしらね」

これを聞いた後の演奏会では、イサーク・グリークマンが「あの素晴らしい最終章」と形容した部分に差し掛かるや、私の心臓は外に聞こえるくらいバクバクと強く鼓動したのだった。

音楽の中で情熱は羽をのばす

神経科学者オリヴァー・サックスは、その著書『火星の人類学者』〔1995、日本語版は吉田利子訳、2001、ハヤカワ文庫NF〕の中の一章で、グレッグという名前の患者について語っている。脳から腫瘍を摘出したことで、グレッグの前頭葉とそれに関連した他の重要な部位が大きなダメージを受け、その結果、彼は記憶喪失、視力喪失、動作の不自由、精神の沈滞感に苦しむことになる。サックスの観察では、彼は「感情的にも淡白で、起伏がなく、無関心」になっている。それでも、彼が音楽を聴いている時は、何かが変化するのだ。「音楽が彼を深く感動させているのは疑いがないように見えます。心の奥深くにしまわれて、普段はアクセスすることができない感情に、音楽がドアを開けるのかもしれない。そういう時、グレッグはまるで違う人になっているのです」。サックスは、他の自閉症の患者にも似たようなことが起こるのを観察している。例えば、アーティストのスティーブン・ウィルトシャーの場合、

「今まで、感情の起伏がないことや、私たちが『自己』と定義している心の存在が欠落していることは、スティーブンの持って生まれた性質や自閉症の一部であるように見えていました。しかし音楽が鳴っている間は、彼はこれらを『与えられて』自己のアイデンティティを『借りてくる』ことができるようなのです。それらは、音楽が終わってしまうと失われてしまうのですが、まるで短い時間だけ、彼は真に生きているかのようです」。

「音楽の中で」とニーチェは言う。「情熱は羽をのばす」。驚くべきは、こういった患者が、

自分本来の感情、外から押し付けられたものではない感情を、十分に経験し楽しむための唯一の方法が音楽であるという点だ。

　これらは特殊なケースなので、私自身の経験を同じカテゴリーに入れてしまうことはためらわれる。精神科医や心理学者や心理療法士（セラピスト）との個人的な相談を通して、とりあえずこれまでのところ、一度も自閉症と診断されていないし、脳に損傷があるとも言われていないからだ。むしろ、双極性障害と診断された私には、グレッグやスティーブン・ウィルトシャーとは逆の問題があるように見える。まるでドアで塞げないかのように、あまりにもたやすく深い感情にアクセスできてしまうのだ。ウィリアム・ブレイク〔英国の詩人・画家〕が書いているように「あふれる悲しみが笑い、あふれる喜びが泣く」〔ブレイク著『天国と地獄の結婚』の中の『地獄の箴言（しんげん）』より〕という状態なのだ。しかもこれらの感情的な過剰さはよくあることで、時には目まいがするように両方同時にやってきたりもする。しかし逆に、13歳から15歳にかけての頃には、常にと言うわけではないが、強い不安に基づく感情の衰弱や無感覚に陥ることがあった。グレッグに対して音楽は「普段は閉じ込められてしまっている深い感情への扉を開ける」というオリヴァー・サックスのコメントを読んで、これはまったく自分にも当てはまると思った。

　何年にもわたる精神科の助けと骨の折れるセラピーを経た今でも、あの頃のことを書くのはなかなか難しい。友人の一人が言った「自分という池で泳いでいるだけ〔ひとりよがり〕」

という状態は避けたいし、記憶というものがいかにいい加減なものかもよく知っているつもりだ。たとえはっきりと覚えていると思っている経験でも、あるいはそういう経験だからこそ、なおさらのこと記憶はあやしくなる。フロイトの『ヒステリー研究』〔1895、日本語版は金関猛訳、2013、中公クラシックス〕を読んで、この問題の焦点が次第にはっきりと合ってきた。「感情が不安定になると、患者の心の中に情緒的な分断が起こる」というフロイトの説明は、心の奥に思い当たることがあった。

アメリカ精神医学協会の『精神障害／疾患の診断・統計マニュアル、第5版』〔DSM－5〕では、このフロイトの洞察をある意味発展させ、刷新している〔DSM－5の分類解説については、精神科医や脳神経学者たちからの強い批判がある〕。そこには、解離性障害についていくつかのカテゴリーがあげられていて、その中に「離人症障害」も含まれており、この患者は自分自身の感情から解離してしまって、思考というものを〔あたかもどこか別の場所から、あるいは誰か他の人から〕押し付けられたもののように感じ、自分が現実から奇妙に隔離しているように感じるのだという。このような抽象的で厳格な分類について、どれくらいポジティブにとらえていいのかわからないが、自己の症状をこのように客観的かつ明確に定義されると、何かしら安心するような感覚がある。

と同時に一方で、詩的な洞察というものもどうしても必要に思われる。私は幽霊の話が好きで、特に優れた物語は、ある種の精神障害の比喩としても読めるのではないかと思っているくらいだ。M・R・ジェームズ〔英国の小説家〕の『人を呪わば』のある一節が特に印象的だったが、感情的に引きこもった独身の学者（M・R・ジェームズの古典的なアンチヒーロー）は、彼の世界が奇妙な落ち着かないやり方で変化し始めていることに気づく。「何かぼんやりとした摑みどころのないものが彼と彼の仲間たちとの間に入り込んできて、ある意味、彼を切り離して捕らえてしまったようなのだ」。私にはこの感覚がわかるし、この感覚が初めて萌してくるのを感じたのはティーンエージャーの初期の頃だった。同時に、「ぼんやりとした摑みどころのない」何かが、私と私が当然感じるべき感情との間に壁を作ったことに、気づき始めていた。例えば、祖父が亡くなった時に、私の悲しみはどこへ行ってしまったのだろう？　一体私はどうしてしまったのか？　DSM－5が記している「押しつけがましい思考」については、一人で散歩したり自転車に乗って遠出している時に、それらによって圧迫されることもあった。当時私は極度に宗教に取りつかれていたので、それらを悪魔のせいにしようとしていたことさえあるくらいだ。

敏感で気難しい母との葛藤

オリヴァー・サックスは『火星の人類学者』の中で、別の有力な例についても語っている。

彼のストーリーはまたしてもドラマティックなものだが、これは、なぜ私がショスタコーヴィチの交響曲第4番をそれほど切実に必要としていたかについて、何らかの光を当てることになるかもしれない。サックスは、ヴァージルという名前の男性の治療について書いていて、彼は視力を喪失しているようだが、常に盲目というわけでもなさそうなのだ。サックスは次第に、ヴァージルがおそらく盲目であるか、またはそのように「振る舞っている」のは、彼が両親と一緒にいる時だ、ということに気づく。両親とも、息子はまったく何も見えないのだと断固として主張し、彼がそうではないと説得しようとしても、それは「単に推測している」だけだと言い張る。そしてサックスは、驚くような結論に至る。「ヴァージルは、家族によって盲目の人として扱われ、視力を持った彼という存在は無視されるか否定される状況のもと、彼はそれに従順に反応して、その間フリをするかもしくは盲目にさえなってしまうのだ」と。サックスによると、ヴァージルの表面上の盲目は、実際は「アイデンティティを否定される」ことに対する彼の「自我の退場あるいは退行」なのだという。

当時たぶん特に意識してはいなかったのだが、ティーンエージャーの初期から中期にかけて、私自身の家族状況は不安定なものだった。母の死から4年経った今では、彼女自身が私よりずっとひどい苦しみを抱えていたことをはっきりと見て取ることができる。彼女は心の中の混乱を外から見えないようにとてもうまく隠していたが、最後の頃になって、いよいよ仮面にヒビが入ってくると、遅ればせながら、境界性パーソナリティ障害を伴った双極性障害と診断されたのだ。境界性パーソナリティ障害を背負った人は、たいていの場合驚くほど敏感で気難しい。子供の頃のことだが、何度か母親の突然の激しい感情爆発にショックを受けたのを覚えている。あふれるような情熱あるいはやけどするほどに熱い愛情表現が、一瞬にして、破滅的な怒りや、恥や、絶望的な悲しみにしか見えないような何かに変わってしまうのだった。彼女はある時は素晴らしく刺激的なのだが——特に彼女の好きな話題であるアートの歴史を語る時など——次には壊滅的に冷たくなる。彼女と一緒にいることがいかにエキサイティングであったとしても、急激な感情の反転がいつもすぐ近くに控えていた。ある時、私が悪戯(いたずら)した後で、彼女は突然くるりと振り向いて、ハサミを包丁のように振りかざすや「これがお前の背中に刺さらなかったのはラッキーだと思え！」と冷たく言い放った。最もこたえたのは彼女の目つきだった。何年も後になっても悩まされた。あれはわざとドラマティックにしたお芝居であって、彼女が本気だった筈がないと自分に言い聞かせようとしたのだが、あの目つきを思い出すたびに、それはあやしくなる。

私は思春期になるまで何とかこれに対処してきた。12歳になった時、優しくて、思慮深く、心強く頼もしかった父方の祖父が亡くなると、それまで不在がちでワーカホリックだった父が、精神的に壊れてしまった。おかしなことに誰からも何の説明もなく、弟と私は、ダービシャーにいた祖母のところにしばらくの間預けられた。その後で、二人とも新しい家に戻ってきたのだが、それ以前に約束されていた大きなワクワクするような学校に行くことは、実現しなかった。代わりに、近所のグラマースクール〔中学校〕に入れられて、そこでは、文化的な中産階級家庭から来た知的に早熟な少年が、北の産業地帯にある労働者階級の街中にポツリと混ざった特異な状況にいることを、常に敏感に感じていた。そこでの最初の2年間の私の学業成績は、ひどいものだった。同じ頃私は、前に説明した「解離された無感覚」というものを経験し始める。振り返ってみれば父は、少なくとも精神の崩壊から回復した後の数年間、本当によく母を「持ちこたえて」いた。それでも、自身がうつ病から立ち直りつつある時に、母の世話に加えて、問題のあるティーンエージャーの世話までするのは、当然彼には荷が重すぎた。当時父が弟と私に何度も繰り返し言っていた定言命法〔ドイツの哲学者エマニュエル・カントが提唱した「何があっても絶対に守らなければならないルール」〕は、「お母さんを動揺させちゃだめだよ」だった。私自身の精神的な状態が悪くなりつつあることを父に知らせようとしても、「ヒステリック」だとか「メロドラマ的だ」とか「芝居をしている」とか「自分に注意を向けようとして嘘をついている」などと言われて、即座に却下されてしまう。これらの言葉を私はすぐさま吸収して、自分を攻撃し、孤立を深めていった。今なら、この背後にあった彼自身のパニック状態を理解できるし、心の底から父を許すことができる。しかし当時は、まるで独房監禁を言い渡されたような感じだった。母の心情を不安定にしてしまうことを避け、その後に必ず来る暗黙の大惨事を防ぐためには、自分を監禁してしまわなければならなかったのだ。もし当時私が無意識のうちに自分に向かって繰り返していた戒律を言葉にするとしたら、何かを「感じてはいけない、感じてはいけない」となるだろう。

ただし音楽の中だけは、例外だった。音楽は、自分の情熱が、ニーチェが言うように「羽をのばす」ことができる安全な空間なのだ。サックスが描いたグレッグのように、音楽は、他のいかなる場合でも自分がアクセスすることを禁じていた「深い感情の扉を開ける」ことができた。これはもちろんどの音楽でも起こるというわけではない。他の同世代の人たちとはほとんど文化的なつながりがなかったので、ロックやポップについてはまったく知らなかった（本当に残念なことだ。それらはおそらく自分にとっての感情的な救いや表現になるばかりか、それらを通して他の苦しんでいる人たちとつながることもできただろうに）。それでも、私にはショスタコーヴィチがいた。

アリストテレスの「悲劇がもたらすカタルシス」

悲劇的なアートが、観客に心理的な恩恵をもたらすという概念はかなり昔からある。よく知られているように、紀元前4世紀頃に書かれた『詩学』（日本語版は三浦洋訳、2019、光文社古典新訳文庫）の中でアリストテレスは、悲劇は人々をカタルシスに導くことができるから重要なのだ、という概念を提唱した。計算された巧みな技法で憐れみと恐怖を喚起することで、われわれの最も悲痛な感情を「浄化する」。これが試練のように見えたとしても、それはわれわれにとって役に立つ試練だとアリストテレスは言う。病からの回復と同じように、適切な感情の浄化は、その後でわれわれをすっかり気分良くさせて、人生で遭遇する試練にうまく立ち向かえるよう準備させてくれるだろう、と。同時に、悲劇を鑑賞することで得られる「独特の満足感」というものがあって、それも有用だとアリストテレスは言う。

アリストテレスのこの発言には、個人的な理由もあったかもしれない。彼は、恩師であるプラトンのアートについての見解が間違っていることを示したかった。プラトンは明らかにアートに心を動かされることもあったのだが、それらの影響については信用していなかった。彼の考える理想的な国家では、詩人や劇作家が追放され、音楽家もひどい検閲を受けなければならない。それはおかしい、とアリストテレスは言う。特に悲劇はわれわれに恩恵をもたらし、個人のみならず共同体にとっても有益であると。われわれが一緒になって悲惨な場面を楽しむことができるのは、それらが巧みな「イミテーション」であると知っているからだけでなく、それらがドラマとして制御され、形式の中に「抑え込まれている」からだ。およそ2500年経った今でも、悲劇がまだ真剣に受け止められていることからみて、アリストテレスの議論は正鵠（せいこく）を射ていたことになろう。

ショスタコーヴィチの交響曲第4番を聴くことが、私自身のつらい感情を「浄化」したとは思わない。もしそうであったとしても効果は長続きしなかった。しかし、アリストテレスが言う「独特の満足感」については思い当たるふしがあるし、カタルシスの経験を生むためには形式が重要だというのも納得がいく。ショスタコーヴィチの交響曲第4番は、従来の交響曲の形式をできる限り拡大させている。彼の他の作品では、「形式的な抑え込み」や「ドラマとしての制御」の面で、大きなリスクをとってはいない。しかし、交響曲第4番の巨大な第1楽章は、形式上の論理に従っておらず、しかも三つ、もしくは四つもの異なるクラシック音楽の形式を、エッシャーの絵のように融合させている。人によっては、これはあまりにも過剰に映るようで、膨大な調和しえない断片が織りなす、目まいがする万華鏡のようだという。フィナーレでは、興奮したサーカス団がステージに炸裂してくるまでは、悲劇的な狙いがずっとはっきりしているように見える。そして最終章は、私がティーンエージャーの頃に読んだ批評家はそれを「巨大な不合理だ」と言ってはねつけたのだが、今でも私はこれは驚くほど必然的な結末だと思っている。私にとってこれは、アリストテレスが言うところの「逆転」と「認知」[*1]を合わせたような素晴らしい内容なのだ。一方で期待は完全にひっくり返され、もう一方で半分知っていて半分否定していたことが、突如として衝撃的なほど明確になる。ちょうどソポクレスの『オイディプス王』で、オイディプスが自分は何者であり一体何をしでかしたのかという恐ろしい真実を知った時のように。

記憶が正しければ、初めて交響曲第4番を聴いた時、その大胆な逸脱に対して複雑な心境だった。しかし何かが強く私を引き留めた。その作品の中に意義があることだけは確信していたからだ。繰り返し聴いているうちに、説得力のある「水平」論理が出現してきた。混沌の深い溝に実は幾本ものロープが渡してあって、それらがしっかりと張られていたのだ。交響曲を楽譜に沿って追いながら、時折ピアノで部分的に弾いてみると、私の第一印象の一部は完全に間違いだったことがわかった。最初は、ほとんど無駄と言ってもいいくらい多数のアイディアが入っていると思った。あたかも次から次へと湧いてくるアイディアに追いつこうとして早口になっている風で、モチーフがせわしなく出てくるように感じていた。わかってきたのは、ショスタコーヴィチのテーマの使い方は、私が当初考えていたよりもずっと効率的だったということだ。一見異なるアイディアのように見えても、実のところそれらは、同じアイディアに異なる扮装をさせたものだったのだ。それにしても何という見事な扮装だろう！　ショスタコーヴィチがこの交響曲を作曲していた時に確実に発見していたことを、私が理解し始めたのはこの頃だ。

アリストテレスにとって、悲劇における二つの最も重要な要素とは、「人物〔キャラクター〕」と「行動〔アクション〕」ということになる。優れた悲劇の場合、途中で何回劇的な運命の逆転が起ころうと、「人物」と「行動」と結果として生み出される「感情」とが、互いに論理的に関連していなければならない。交響曲における「テーマ」とは、劇中の「人物」のようなものだと言ってしまうのはやや軽率かもしれないが、そもそも良いテーマとは、独特の音楽的特徴〔キャラクター〕を備えていて、テーマが発展していく過程である行動(アクション)の方は、それが最初に出てきたテーマの特徴から発展してきているように見える時のみ、十分な満足感を聴衆にもたらすことができるのだ。テーマとその発展は、ベートーベンの第5番の場合と同じくらい、ショスタコーヴィチの交響曲第4番でもとても重要だ。しかし、たとえベートーベンでも、ショスタコーヴィチが主要テーマに対して行ったような大胆なことには、後ずさりしただろう。交響曲第4番の強大な、無秩序に広がったような第1楽章が始まってから12分ほどすると、小鳥のさえずりに似たクラリネットの高音を伴って、ホルンのソロに

＊1　アリストテレスの『詩学』第11章の中に出てくる概念で、「逆転（ペリペテイア）」とは悲劇の主人公の運が良い方から悪い方へ急転換する時のことで、「認知（アナグノーリシス）」とは、主人公が無知の状態から真実を知る状態に移行することを指す。「認知」と「逆転」が組み合わさると、憐れみもしくは恐怖を生み出すことになり、これらの結果を生むことになる行動こそ悲劇が表現している対象となる。「認知」はモノや人などからも起こるが、最も良い「認知」は「逆転」と一緒に起こるもので、例えばソポクレスの傑作『オイディプス王』の場合、真実を知る昔の使用人が連れてこられて、その話を聞いているうちにオイディプスは、自分が知らずに実の父を殺し母と結婚してしまっていた事実に気づいて、彼の運命は破滅へと急転落する。

よるメロディーが浮かび上がってくる。この一節には何かジーンと心動かされる感じがあるが、1、2分すると、それがショッキングな変貌をとげていく。ホルンのテーマが、二つのチューバによって地の底からの恐ろしいうめき声に変わり、クラリネットによる小鳥のさえずりは、殺伐としたナイフで突き刺すようなトロンボーンや、甲高い木管楽器や木琴に入れ替わるのだ。これが本当に、ついさっきまで悲しいおとぎ話のページから浮かんできたように感じられたテーマと、同じものなのだろうか？

そして突然、これらはすべて断ち切られ、木管楽器が集まってちょうど遊園地のオルガンの音に似た、おかしな気取った小さな行進(マーチ)にとってかわられる。そしてこれがまさに悪夢のような感じに変化しようとするところで、また瞬時に途切れて、突然今度は、弦楽器が競走するように狂おしいテンポで疾走するフーガ〔一つの主題が繰り返し現れる楽曲〕の後流に飲み込まれていってしまう。これらいくつものアイディアの間には、論理的あるいは感情的なつながりなどまるで無いように見受けられる。まるでショスタコーヴィチが、一連の狂ったような逸脱をしているかのように見えるのだ。

「あふれる悲しみが笑い、あふれる喜びが泣く」双極性障害の芸術的気質

双極性障害と創造性(クリエイティビティ)についての素晴らしい研究をもとに書かれた『炎に心動かされて∴双極性障害と芸術的な気質〔Touched with Fire: Manic-Depressive Illness and the Artistic Temperament〕』〈未邦訳〉の中で、ケイ・レッドフィールド・ジャミソン〔米国の臨床心理学者〕は、「広範囲にわたっていて、夢中になって、次々と蛙飛びするような、そう状態の思考や会話というもの」について多くを語っている。彼女はその一例として、ソール・ベロー〔米国の小説家〕の『フンボルトの贈り物』[*2]から引用している。

*2　ベローの友人であった詩人デルモア・シュワルツとジョン・ベリーマンのカオス的な生涯に一部則った実話小説。この場面では主人公チャーリー・シトゥリンが、詩人フンボルトとの会話とはどのようなものであったかを描写している。二人の会話はダブル・コンチェルトのように始まるのだが、しばらくすると主人公の方は舞台からおろされて……。

「フンボルトの声は高くなって、ちょっと詰まって、また高くなった……彼は発言から吟唱（ぎんしょう）へと移り、吟唱からアリアへと上昇していって、その背景には模倣と美徳と彼自身のアートへの情熱と偉大な人物たちへの畏敬の念というオーケストラが鳴っていた。と同時に、猜疑心と不謹慎も。彼は目の前で狂気を出たり入ったりしながら吟唱し歌い上げた。

フンボルトは第一スティーブンソン政権におけるアートと文化の位置について話し始めて……ここからルーズベルトの性生活に移り……彼は、タブロイド紙の話からロンメル将軍について、ロンメルからジョン・ダン〔英国の詩人〕とT・S・エリオット〔英国の詩人〕についてと、話題がたやすく移動した。エリオットについて、彼は他の誰も聞いたことがないような変わった事実を知っているようだった。彼の話は、文学理論はもとよりゴシップや幻覚にも満ちていた。歪曲は、確かにすべての詩において当然のことなのだが、でも、どっちが先なんだ？〔詩作が歪曲を促すのか、当人が歪曲しがちだから、結果として詩がそのようになるのか〕これらすべてが私に降りかかってきた……コーラスガールズ、売春と宗教、旧資産家、新興資産家、紳士会員制クラブ、バックベイ〔ボストンの高級住宅街の一つ〕、ニューポート〔ロードアイランド州にある高級住宅都市〕、ワシントン・スクウェア〔ヘンリー・ジェームズの小説〕、ヘンリー・アダムズ〔米国の歴史家〕、ヘンリー・ジェームズ〔英国の小説家〕、ヘンリー・フォード〔フォード・モーター創設者〕、十字架のヨハネ〔『暗夜』を著したスペインのカトリック司祭・詩人〕、ダンテ〔『神曲』を著したイタリアの詩人〕、エズラ・パウンド〔米国の詩人・批評家〕、ドストエフスキー、マリリン・モンローとジョー・ディマジオ、ガートルード・スタイン〔米国の著作家・美術収集家〕とアリス・トクラス〔スタインの終生パートナー〕、フロイトとフエレンツィ・シャンドール〔ハンガリーの精神分析医、心的外傷の研究〕

ただし、フンボルトのそう的な飛躍と、少し前に私が分析したショスタコーヴィチの交響曲第4番とには、一つ大きな違いがある。荒々しいチューバの唸(うな)り音が、そのすぐ前に出てきたホルンによる「悲しいおとぎ話」のメロディーに綿密に呼応したものであったように、遊園地のオルガン・マーチと弦楽器による激しいフーガとは、同じ際立った音のパターンに則っているのだ。それは交響曲の初めにすでに聴いたオープニング・テーマのパターンだ。この桁外れの楽章に見られる、たくさんの表面的な不連続部分は、それぞれが、これらの主要な音楽的アイディアのうちの、一つ、もしくは二つともと、連結していることが明らかになる。あたかもシェークスピアの〔『ハムレット』第2幕、第2場、オフィーリアの父ポローニアスが、ハムレットの狂気の原因を探ろうと彼に話しかける場面で〕ポローニアスが、ハムレットの乱暴な言い回しを聞いて「気が狂っているとはいえ、話の筋は通っている」と独り言するような感じだ。ショスタコーヴィチは、この音楽の中で、押し寄せる魅力的なアイディアの高波にただ押し流されているわけではないし、いつもより特に多いわけでもない。これらのテーマ的なつながりは、彼自身の底なしの溝に渡されたロープなのであり、この発見が私にとっていかに重要なことだったかは、純粋な驚きとともに今になってわかる。

双極性障害者として私は、そう的な飛躍とはどんなものか、よく知っている。ひどい時は、悪い薬物による幻覚のようにとても恐ろしいものだったりもする。そう状態でない時でも、私の会話が突然別方向にそれたりするのはわかっている。それを面白がってくれる友人たちもいるが、戸惑ってしまう人や、警戒してしまう人もいる。もちろんそれは、母をかなり警戒させたが、私の知る限り、誰よりも彼女自身こそ目まいがするほど横道にそれてしまう人だった。こういった私の性向は、父を挑発し、恐慌をきたして私を拒絶しようとした理由の一つともなった。私自身も、この「夢中になって次々と蛙飛びするような」思考プロセスのことを、真剣に心配するようになった。ただしそれは、ショスタコーヴィチの交響曲第4番を聴くまでのことだが。ショスタコーヴィチが渡してくれたロープに気がついて、それをピンと強く張ってみると、まるで彼が私を個人的に保証してくれたかのように思えたのだ。しかもその時私が感じた興奮は、危険なものではなく、この並外れた音楽によって制御され、うまく角がとれたものだった。希望がわずかに萌したのを感じた。ショスタコーヴィチが、横溢する滝のように流れ出る思考の中で、「手法」、すなわち論理の筋道を見つけることができるのなら、私にだってできるかもしれない、と。

バーミンガムのコンサートでケイトが言ったのは、「あなたは、あの交響曲のような感じだったのかしらね」ではなくて、「あなたのお母さんと一緒に暮らすのは、あの交響曲のような感じだったのかしらね」だった。あの音楽は果たして、母とうまく対応するための助けとなったのだろうか？ そうかもしれないが、よく覚えているのは、ある日の午後——今となってはありえないことに思えるが、確かにそれは起こった——私が彼女を説得して、交響曲第4番のすべてを一緒に聴いたことがあった。フィナーレの「熱狂的なサーカス」部分に差し掛かるや、私の興奮はいやがうえにも高まっていった。彼女は一体これをどうとらえるのだろう？ 私が彼女に（半分は意識しないで）言おうとしていたことを、理解してもらえるのだろうか？ 驚いたことに、彼女は私が末梢的にしか認識していなかったことを、ズバリ正面からとらえた。第1楽章でかすかに揺らめいていた鳥の歌が、ここではピッコロとフルートによって拡大する。それは時には不思議と心動かされるものだったり、時には不安で落ち着かないものだったりするのだが。彼女は、「この鳥、これはもちろん自由のシンボルよ」と言い、「それからそれが押しつぶされるの」と続けた。その瞬間私は凍り付いてしまった。彼女はそれまで私が言ってきたことを「聞いて」くれなかったかもしれないが、私の方は、彼女の言ったことを確かに聞いた。

何年も経ってから、ヘンリー・ジェームズの『ある婦人の肖像』（1881、日本語版は行方昭夫訳、1996、岩波文庫〕の一節を読んだ時に、この瞬間のことを思い出した。ジェームズの女主人公イザベル・アーチャーは、エゴイスティックでメフィストフェレス〔悪魔〕のような夫ギルバート・オズモンドとの愛のない結婚の囚われの身となっている。ある時彼女は残酷なほど明確に、自分の将来が「死の壁に突き当たる暗く狭い通路」であることを見通してしまう。私の哀れな父には、メフィストフェレス的なところは一つもなかったが、母にとっての結婚は、愛のない息苦しい生家からの逃避が理由の一つであったろう。知的な才能に恵まれた女性であり、兄弟と同じように大学に行くべきだったが、父親がその出口を阻んだ。時として彼女は檻(おり)に入れられた虎のようであり、もっとひどい時は、手の届かない無気力な絶望といったものに陥ってしまうこともあった。

私が、ショスタコーヴィチの交響曲第4番の中に悲劇を聴いたとすれば、一体それは誰の悲劇だったのだろうか？　繰り返しこの音楽を聴くことによって私が理解しようとしていたのは、そして感情的な全体像を把握しようと努力していたものは？　何年も経って、多くの自己尋問を繰り返した後で、それは私の悲劇であると同じくらい彼女の悲劇であったような気が強くする。

なぜ悲しい物語は心の痛みを和らげるのか

最近ザ・ウィーク誌に掲載されていたこの記事に目が留まった。

「なぜ悲しい物語は痛みを和らげるのか」

お涙頂戴ものを見た後で人々の気分が良くなるというのは、長いこと知られていた現象だが、いよいよ科学者たちがその理由を明らかにした。踊りやエクササイズと同じように、悲しい物語はわれわれのエンドルフィン〔「脳内モルヒネ」とも呼ばれる神経伝達物質〕のレベルを上げるらしい。オックスフォード大学の研究チームが169人のボランティアを対象に行った実験では、まず、アレキサンダー・マスターズによる力作『スチュアート：逆向きの人生』を原作として制作されたTVドラマを見てもらう。これは、ホームレスでアルコール依存症の若者、スチュアート・ショーターの人生を逆向きに追ったものだ。コントロール・グループの方には、地質学と博物学に関するドキュメンタリー・シリーズを見てもらう。視聴の前と後で、参加者たちは痛みに対する耐性を計測するテストを受ける。ローマン・チェアーと呼ばれるもので、壁に向かって、耐えられなくなるまでスクワットの姿勢を維持するというものだ。結果は、涙を誘うTVドラマを見た人たちは、ドキュメンタリーを見た人たちよりも、18パーセント長く我慢することができた。つまり、悲惨なストーリーは、痛みを止めるエンドルフィンの分泌を促したことが推測される。同時に、一緒にドラマの方を見た人たちは、仲間内でより強い連帯感を感じたという結果が出たのも、おそらく同じ理由によるものだろうということだ」

ショスタコーヴィチの交響曲第4番は、ほぼその全体を通して、ひたひたと迫る破滅を回避するために、時として必死に努力している様子が彷彿（ほうふつ）させられる。そして、最後まであと10分位のところで、彼がとうとう降伏するのだ。もし『証言』を信じるとすれば、この作品は、プラウダ紙による糾弾のトラウマに対する、ショスタコーヴィチの返答を示したものだということになる。「最後のページにかなりはっきりと提示してある」と。フィナーレの最初に出てくる葬送行進曲のテーマが、この楽章のクライマックスに、トロンボーンとチューバによるフォルティシモの形で戻ってくるのに伴い、ティンパニーが強烈に連打する中を、八つのホルンが揃って震えるような死者のための号泣を絞り出す。この一節を思い出す時、必ずと言っていいほど、腹の底からかき乱されるような感じがする。しかし、ザ・ウィーク誌の記事にあった「痛みを止めるエンドルフィン」に関するコメントは、アリストテレスの言う悲劇がもたらす「独特の満足感」や、私自身がティーンエージャーの時にこの音楽に感じた楽しみの背景にある、神経学的な反応の一部を説明したもので、確かにその通りだという気がする。ショスタコーヴィチの交響曲第4番がかき立てる感情は、悲痛なものかもしれないが、同時に身震いするほどスリル満点で、高貴で、荘厳でもあるのだ。

オックスフォード大学の研究チームは、二番目の結果、つまり一緒に『スチュアート：逆向きの人生』を見たグループは「仲間内でより強い連帯感を感じた」という方も、有意であったことを確認している。この研究を指揮した進化科学者ロビン・ダンバーは、この結果について、演劇界で古くから言われている格言「人は個人個人で劇場に入るが、出てくる時には観衆という一体になっている」を引用している。悲劇について書いた著名な作家たちによる著作、例えばワーグナーの『未来の芸術作品』〔1849、日本語版は『友人たちへの伝言』三光長治監訳、2012、法政大学出版局に所収〕やニーチェの『悲劇の誕生』〔1872、日本語版は西尾幹二訳、2004、中公クラシックス〕は、ギリシャ悲劇が持つ「共同性」、つまり人々をつないで共同体さえ作ってしまうような力について特筆している。この考えは今でも通用していて、TVメロドラマの脚本家たちは、視聴者にいわゆる「井戸端会議」の話題を提供できるような筋書きを求めて、ギリシャ悲劇を参考にしているくらいだ。

ギリシャ悲劇には、強い儀式的な側面もある。ロジャー・スクルートンが言うように、「悲劇はしばしば正式な悲嘆、哀歌、もしくは埋葬儀式で終わるが、その中で、道徳規律が回復されたという共通の意識がコーラスによってかき立てられる」のだ。レニングラード交響曲〔第7番〕の最後では、エキストラの金管楽器がオーケストラに加わって大胆に結集した聖歌を繰り出す。ショスタコーヴィチの交響曲第4番の最終章となると、さらにそれを上回るような何層にも重なった構成になっていて、この部分に関する『証言』の記述とはかみ合っていないように見える。ひょっとするとショスタコーヴィチは後になってから、1936年には他の人たちと自分を乖離(かいり)させることで「救われた」のだと、次第に思うようになったのかもしれない(ただし、たとえ『証言』が信頼のおける彼の思考記録であったとしても、彼は40年近く経った1970年代初めに、1936年当時を回顧して話をしているのだから、思い違いも考えられるのだが)。それでもこの音楽の中には、彼の証言とは反対のことを言っている部分が随所に見受けられる。つまりこの作品を書いていた、感情的にすっかり参ってしまった孤独な「私」は、それでも作曲しながら「われわれ」という意識を強く持ち続けていたのだということが見て取れるのだ。

少し前に説明したように、ショスタコーヴィチの交響曲第4番の終盤で起こる震えるような悲嘆と慟哭(どうこく)は、〔ギリシャ悲劇の制御された形式的な〕「正式な悲嘆」とはかけ離れているように見える。しかしこの音楽のインパクトの一部は、作曲家が一連の出来事を完全に制御し、彼が描こうとしている感情から少し距離を置いて自分を「隔離し」ているからこそ、もたらされたものなのだ。交響曲の「卓越した最終章(コーダ)」の最初の部分は、二つのグループが交互に讃美歌を歌う形式〔交唱〕をとっており、それは、人間の声に近いホルンやトロンボーンや弦楽器が生み出す荘厳な聖歌のようなフレーズに、重い金管楽器による儀式的な集団の叫びがメリハリをつけている。その間ずっと背景には、絶え間なくドラムがギリシャ神バッカスのような狂おしさで打ち続けられる。このように描写すると、これらすべてはちょうどギリシャ悲劇の世界のように聞こえるだろう。そしてこの楽章の初めに出てきたマーラーによる葬送行進曲のテーマが、再び折り重なるように戻ってくる。さらに最後のフルオーケストラによる「集団の叫び」が、正式な終わりをもたらし、それに伴ってカタルシスのような解放感があり、以前出てきたテーマ曲の断片が物悲しく漂う中を、崩壊と静寂が訪れる。ひょっとするとこれこそが、『証言』の中に出てきた「隔離がもたらす救い」ということだったのだろうか？

しかしこの時、金管楽器の音に埋もれるように、すべてのロシアの聴衆が気がつくような、そしてティーンエージャーだった私もよく知っていた、ダダー、ダダー、ダダーという静かなリズムの拍動が聴こえてくる。間違いなくこれは、別のロシアの悲劇的交響曲、チャイコフスキー作曲『悲愴』が反映されたものだ。個人的な隔離状態にあっても、自分自身の正気を保つためにショスタコーヴィチは、愛されているロシアのクラシック音楽、多くのロシア人にとって母国の悲劇的歴史を体現するような音楽を引用したのだ。どうやらショスタコーヴィチの心の奥底の声は、「われわれ」ということを言うように彼を促していたようだ。

悪戯っぽいユーモアあふれるショスタコーヴィチ

約15年前私は、ロシアの有名なオペラ歌手（バス）フョードル・シャリアピンの伝記（『シャリアピン』１９８８）の著者であるヴィクター・ボロフスキーを招いてラジオの特別番組を作った。収録が終わって放送局の狭い廊下を歩きながら、彼にショスタコーヴィチについての本を書こうと思っているという話をした（その頃は、この本とはだいぶ異なるものを想定していた）。「それなら面白い話がある」とボロフスキーは言った。

１９６０年代のある時、ショスタコーヴィチは友人と一緒にモスクワからレニングラードへ、クラースナヤ・ストレラー（有名な「赤い矢」と呼ばれる、特別急行列車）で旅行していた。それまでにはソ連の一流作曲家としてのショスタコーヴィチの地位は、比較的安定していた。公的にも称賛され栄誉を与えられ、ソビエト連邦作曲家同盟第一書記に、満場一致で選出されていた（１９６０）。「笑顔の公人」は、もう笑顔を作らずとも大丈夫と思ったのだろうか、60年代、70年代の公式写真では、彼の口元はすぼめられて口角は下がり、目はメガネのぶ厚いレンズの奥に潜んでいる。これらに写っている彼の表情はたいてい神経質で、ポーズは自己防衛的で、なるべく場所を取らないようにしているかのごとくうずくまった姿勢をしている。

クラースナヤ・ストレラーがモスクワを出発すると、いつものごとくスピーカーから、軍楽隊による、英雄的な労働者の歌や熱烈な愛国賛歌など、仰々しい無節操な音楽メドレーが、高々とひっきりなしに鳴り出した。ショスタコーヴィチはすくっと立ち上がったかと思うと、まるでトイレに駆け込むように列車の客室を出ていった。すると突然、音楽が止まった。それからショスタコーヴィチが再び現れて客席に戻り、おもむろに元通り引きこもった。かと思うと目を上げて、何か打ち明け話をするように連れ客の方に前かがみになり、スーツの上着の胸ポケットに指を差し込んで、小さなペンチを取り出し、一瞬の微笑を見せたかと思う間もなく、すぐにそれはしまい込まれて、ショスタコーヴィチの顔はいつも通りの神経質な表情に戻ったのだった。

特にカフェやショッピングモールにいる時に、ショスタコーヴィチのペンチを持っていたら良かったのにと思うことが時々ある。ヴィクター・ボロフスキーがこの話をしてくれた時に、まずハッとしたのは、このペンチの音が音楽の中にも出てくるからだ。これまで書いてきたことからは、ちょっと想像しにくいかもしれないが、ショスタコーヴィチは、素晴らしい、そしてしばしばちょっといたずらっぽいユーモアのセンスを備えている。いつどこでそれを使うかについて慎重なのはもちろんだが、彼自身にとってのみならず、彼の友達にとっても、それは命綱の役割を果たしていたようだ。一つの痛快な例は、1957年にショスタコーヴィチが友人のイサーク・グリークマンに宛てて書いた手紙の中に見出せる。ショスタコーヴィチは、ウクライナ・ソビエト社会主義共和国成立40周年を記念するために、オデーサ市〔現ウクライナ南西部の港町〕に派遣された（現在のロシアとウクライナの関係から見て、当時のこれはどの程度の祝賀イベントであったか、容易に想像することができるだろう）。ショスタコーヴィチの手紙は、どことなく無表情であると同時にレイピア〔細身で鋭い決闘用剣〕のような切れ味を持っている。途中で当局の役人に開封されて調べられることを予想して、後で糾弾されるような要素を一切入れないようにしなければならなかった。それでも彼は、グリークマンには本心を察知してほしかったのだ。彼はまず場面を描写するところから始めている。「今朝、街に出ました。あなたにはもちろんご理解いただけると思いますが、このような日には家にいることなどできないので」。この「もちろん」というのが効いている。そして、街で一体何を見つけたのだろうか？

「天候はどんよりとして霧がかかっていますが、オデーサ市の人々はみな通りに出ていました。街中に肖像が掛かっていました。マルクス、エンゲルス、レーニン、スターリン、そして他の党員たちも、A・I・ベリャーエフ、L・I・ブレジネフ、N・I・ブルガーニン、K・Ye・ヴォロシロフ、N・G・イグナトフ、A・I・キリレンコ、F・

P・コズロフ、O・V・クーシネン、A・I・ミコヤン、N・A・ムヒトディノフ、M・A・スースロフ、Ye・E・フルツェワ、N・S・フルシチョフ、N・M・シュヴェルニク、A・A・アリストフ、P・A・ポスペロフ、Ya・E・カリベルジン、A・P・キリチェンコ、A・N・コスイギン、K・T・マズロフ、V・P・ムザヴァナゼ、M・G・ペルヴーキン、N・T・カルチェンコ」

オデーサの住民が見上げれば、スーツを着てしかめ面した共産党政治局員のポスター大の肖像写真が睨み降ろしているシーンが目に浮かぶし、その時の住民の気持ちが想像できる。しかしショスタコーヴィチは、そのような考えは即廃棄すべきだと言う。

「通りは、ひらめく旗やスローガンやバナーで埋め尽くされています。周囲にはロシア人、ウクライナ人、ユダヤ人たちの晴れやかな笑顔があふれています。どちらを向いても喜びの歓声が、有志たちを称えています。マルクス、エンゲルス、レーニン、スターリン、そして他の党員たちも、A・I・ベリャーエフ、L・I・ブレジネフ、N・I・ブルガーニン、K・Ye・ヴォロシロフ……」

ここで名前のリスト全体が再び繰り返されている。そしてショスタコーヴィチは、きつい皮肉のクレッシェンドを伴った結辞を述べている。

「喜びを抑えることができなくて、通りを歩いて、家に戻り、あなたにできうる限り最善を尽くして、オデーサの国家記念祝賀を説明することにしました。

どうか、あまりひどく批判しないでください。

親愛の接吻を送ります。

D・ショスタコーヴィチ」

ショスタコーヴィチの歌曲にこの手紙のスタイルを見事に反映させたものがある。ただしこちらの場合は、彼自身がそのターゲットになっているのだが。タイトルは『自作全集への序文とその序文についての短い考察、作品123』というものだが、これは〔皮肉が効きすぎていて〕真顔では読めないだろう。この作品は、最初のフレーズの終わりに出てくる声による楽しいコサック〔ロシアの半農武装集団〕スタイルのジャンプを除くと、冷たいほとんど無表情な小さな歌曲だ。まず、詩作を出版することの無意味さを描いた、プーシキンの皮肉たっぷりな短い詩から始まって、ショスタコーヴィチが自分の様々なソ連の賞やメダルや学位や栄誉などを次々と挙げていく間、音楽の方は徹底してむっつりとした無感情を貫いているのだ。これを聴いて人々が公然と笑い転げるのを見たことがあるが、歌手が無表情と辛辣さとを塩梅よくバランスとって演じてくれると、さらにその効果はいや増す。そもそもクラシック音楽のコンサートでは、率直で自発的な笑いは少ないのだが、私が実際に出会った笑いの多くは、ショスタコーヴィチの作品がもたらしたものだった。彼の交響曲第15番には、必ず誰かが笑い出す部分がある。第1楽章の始まりで、作曲家お気に入りの、ダ・ダ・ダー、ダ・ダ・ダー、ダ・ダ・ダ・ダーという脈打つリズムが、突然あの有名なロッシーニの『ウィリアム・テル序曲』の「ギャロップ」に転じる場面だ。ロッシーニは、ショスタコーヴィチにとって最も初期の音楽記憶の一つなので、これは彼が、自分独自の音楽スタイルが生まれた源泉に突然気づいて、「ああ、ここからあのリズムが発生したんだ!」と納得した場面なのかもしれない。これが来ることをあらかじめ知っていても、いざ来てみるとやはり笑いを誘われてしまう。

私にとってヴィクター・ボロフスキーの話の頂点は、あの最後のひそかでいわくありげな微笑だ。ほんの一瞬だったかもしれないが、いたずらを共有する喜びは本物だったろう。ショスタコーヴィチの音楽には、こういった秘密を打ち明けるような感じの部分がいくつもある。誰かがどこかでジョークに気づくのだ。そしてそのユーモアもまた、「私」だけでなく「われわれ」という意識を伝えている。

スターリンの死後6年経ってから1959年に作曲されたチェロ協奏曲第1番の、フィナーレを見てみよう。これは「東欧」のフォーク音楽のパロディーで始まっている。弦楽器が重いブーツの踵音やバグパイプのドローン音〔音の高低なしに長く続く通底音〕のような和音を叩き出し、高音のオーボエとクラリネットが、そして途中からフルートとピッコロも加わって、入り組んだダンスのテーマを叫ぶ。これらが止まると、弦楽器の大集団が、5音のフレーズを二度奏でるが、それぞれに対して、木管楽器による小さな嘲笑するような苦い返答が戻ってくるのだ。これは、スターリンが好んだと言われるグルジアのフォーク音楽『スリコー』を、大胆にパロディー化したものだ。この歌の中では、若い女性が不在の恋人に対して「どこにいるの、私のスリコー？」と泣きながら訴える。歌が進むにつれて次第に、不在の恋人は実はすでに死んでいるのだということが明らかになる。ショスタコーヴィチは少女の質問を、協奏曲の中で次第に消え入るように繰り返す。「どこにいるの、私のスリコー好きの大量殺人者は？」と。その答えは、彼はすでに土の中だよー。チェロのグロテスクな高音の「スリコー！　スリコー！」という叫びは、協奏曲のほとんど最後に奏でられるものだが、この曲を知らなくとも、その嘲笑するようなトーンを感じることができる。明らかな嘲（あざけ）りジェスチャー〔nose-thumbing〕のオーディオ版といったところか。もちろんジョークをフルに理解するためには、その背景を知っていた方がいいが、このチェロ協奏曲第1番を〔ショスタコーヴィチから〕献呈された本人であるムスティスラフ・ロストロポーヴィチでさえも、教えられるまでわからなかった。

「（スリコーに対する）ほのめかしは……とても慎重にカモフラージュされているので、私でさえ最初はわからなかった。最初にドミートリイ・ドミートリエヴィチ・ショスタコーヴィチがこの歌を私に口ずさんでくれた時、彼は笑い出して、こう言った。『スラヴァ〔ロストロポーヴィチの愛称〕、気がついたかい？』

私は何も気がついていなかった。

『どこにいるの私の愛するスリコー？　スリコー？　どこにいるの私の愛するスリコー、スリコー？』だよ」

何年も経ってからロストロポーヴィチに会った時に彼は、演奏でこの一節にさしかかると、ショスタコーヴィチが笑っていたのが思い出されて、自分もついつられて笑いそうになってしまって困る、と語っていた。

たとえ音楽とその背景について何も知らなくとも、誰でも楽しめるジョークもある。その素晴らしい例は、『レニングラード交響曲』の2年後、第二次世界大戦でロシアが少し優勢に傾いてきた頃に書かれた交響曲第8番のフィナーレだ。『レニングラード交響曲』が明白な抵抗で終わるのに対して、第8番の主題は、明らかに痛ましい嘆きだ。フィナーレの巨大なクライマックスは、トラウマに立ち向かおうとする大変な努力を感じさせる。しかし次には、一瞬これが同じ交響曲だとは信じられないほど、まったく想像を絶するようなことが起こるのだ。ごぼごぼと音を立てる低いベース・クラリネットが、よろめくような揺さぶるような酔ったようなダンスを始めると、きしむようなバイオリン・ソロが半分本気で半分ふざけた調子で、この不恰好なベース・クラリネットの動きに加わる。一体これは何なんだ？　なぜ今これが起こるんだ？　この部分は、ドストエフスキーの『罪と罰』の中で、刑事ポーフィリー・ペトローヴィチがラスコーリニコフに罪を告白させようとするところで、突然酔っ払った労働者が参入してきて、自分がやったんだと喚いて、ペトローヴィチを激怒させる場面を思い出させる。張りつめていた空気が、突然に、風船の空気が抜けるような騒音とともに一挙に放出される。ドストエフスキーのようにショスタコーヴィチも、ワイヤーを張りつめて張りつめて、テンションが最大になって金属がこれ以上持ちこたえられないという悲鳴を上げた時に、やおらペンチが出てきて、器用にプツンとやると、すべてがビュィーンと大気中に消えていってしまう。これだからショスタコーヴィチが好きなんだ。

期待を裏切る『交響曲第9番』の真意

ショスタコーヴィチはそのキャリアを通して、聞く耳を持つ者たちにだけわかるような政治への冒瀆表現のほぼぎりぎりのところで踏みとどまるという離れ業をやってのけていた。

幸いなことに、何かあやしいところがないかどうか彼の仕事を検閲する役人たちは、そのような聞く耳を持ち合わせていなかったようだ。これらの文化監視人たちの中には、驚くほど鈍感な者たちもいた。一度ならず耳にした話だが、ショスタコーヴィチがある共産党政治局員と会合した時のことだ。「同志よ」と局員は語りかけた、「あなたはたくさんの短調の作品を書いているようだね。短調は悲しい感じだ。われわれの輝かしき社会主義ユートピアには、短調は合わない。もっと長調の作品を書きたまえ」。

そうではあってても、時としてショスタコーヴィチが大きく踏み外すこともあった。1945年に作曲されて初演された、交響曲第9番を見てみよう。ヒトラーは敗れた。その後、ショスタコーヴィチが交響曲第9番を書いているという報告が、大きな期待とともに紙面に出たのだ。ソ連のタス通信は、この新しい交響曲は「われわれの偉大なる勝利を祝うためのものだ」と宣言し、その前年にショスタコーヴィチが言ったことが、大きく引用された。「私は次の交響曲、第9番を構想しています。もし適切な歌詞が見つかれば、これにはオーケストラだけでなく、コーラスやソロ演奏も入れたいと思っています。いずれにしても、おこがましい類推を喚起したくはないです」。手遅れだった。特にこのコメントの最後の部分が、コーラスとソロ演奏を伴うもう一つの交響曲第9番、ベートーベンの『合唱』交響曲を想起させることになったのだ。ソビエト・ロシアは国家祝典のために傑作を用意したのであり、それは、ベートーベンのそれに比肩する『歓喜の歌』で、言わずもがな、偉大なる勝利に導いた「指導者であり先生である」ヨシフ・スターリンを称えるものになるはずだと。

『ソ連の第九』は衝撃的だった。まったく予想とは違ったものだったのだ。まず、驚くほど短い作品で（30分にも満たない）、比較的小さなオーケストラ編成で、コーラスやソロなどのヴォーカル部分は一切なく、その作風は、危険なくらい判断を誤ったか、もしくは息をのむほど挑戦的かの、いずれにも取れるものだった。作曲家のマリアン・コヴァル〔ロシア〕によると「聴衆は、ショスタコーヴィチが提示した音楽的いたずらにひどく戸惑い、気まずい思いで帰路についた。何とこのいたずらは、若者ではなく40歳の大人によるもので、しかもよりにもよってこのような時期に！」。コヴァルによると、聴衆は「老いたハイドンと普通のアメリカ軍曹が、チャーリー・チャップリンの恰好を下手に真似ようとして、しかめっ面をしたり奇抜な恰好をしたりして、第1楽章の間中疾走し続ける」のを聴かされたのだ、と。1948年、ソビエト連邦作曲家同盟の大会で、ショスタコーヴィチは公に糾弾され、屈辱的な公式の反省声明を出すよう強制されたのだが、コヴァルのコメントも同じ年に再び報じられた。スターリンは、この「音楽的いたずら」を決して忘れなかったようだ。

『交響曲第10番』に秘められた、スターリンへの痛烈なメッセージ

もしユーモアがうまくいかなかった場合はどうなのだろう？　巨大な黒雲にたまった電荷が、ペンチでチョキンと切るようには簡単に放電できなかったとしたら？　ショスタコーヴィチの次の交響曲第10番は、1953年スターリンが死んだ年に作曲された。正式な発表があった時には彼はまだ作曲している途中だった。ソ連の「偉大なる舵取り」がとうとうその甲板に倒れたことを知らされた時、ショスタコーヴィチは楽譜のどのあたりを書いていたのだろうか。もっとも、音楽の中にはっきりとした痕跡を見つけようとするのは、ムダな努力だろう。ショスタコーヴィチはプロなので、簡単な推察など許すはずがない。いずれにしても、交響曲第10番が作曲された時、その内容はプライベートなものだった。第4番のように、公演を目的に作曲されながら結局引っ込められたのとは違って、第10番は、端から引き出しにしまわれる作品だった。スターリンが存命中に公演されることはまずありえなかったし、特に彼の最後の頃のパラノイア〔被害妄想〕状態ではなおさらのこと。これは、暗く、勇敢で、高貴な作品だ。作品が情熱的な激しさを示しているにもかかわらず、ショスタコーヴィチの手腕は、かつてないほど安定している。長い第1楽章は、感情的なカタルシスをもたらす最高の作品の一つであると同時に、バッハのフーガの必然性と構造的な完全性を備えたものとなっている。当時ショスタコーヴィチは精神的にも技術的にもバッハに傾倒しており、バッハに触発されて書いたピアノのための『24のプレリュードとフーガ』は、素晴らしい作品に仕上がっている。

交響曲第10番の第1楽章が約23分かかるのに比べて、第2楽章は4分余りで終わってしまうのだが、そのインパクトは、その長さとは対照的に巨大で、吹き出すマグマのような怒りが続く。1979年に『証言』が出版された時、ほぼすべての批評家が注目したのは、ある一つの証言だった。ショスタコーヴィチ（もし本当にショスタコーヴィチだったとすればの話だが）が、交響曲第9番にまつわるスキャンダルについてこう語っているのだ。

「スターリンを神格化する作品など書ける筈がない。無理だ。第9番を書き始めた時に、一体何を期待されているのか知っていました。しかし、次の交響曲第10番では、スターリンを取り上げています。スターリンの死の直後に書いたもので、今まで誰もこの交響曲が何を意味しているのか推測できた人はいません。これはスターリンとその時代を描いたものです。第2楽章にあたるスケルツォは、スターリンの音楽肖像画と言ってもいいでしょう。大まかに言ってですが。もちろん他にもいろいろな要素が入っていますが、基本的にはこれです」

彼の言葉の引用とされているこの発言部分に関して、私には複雑な思いがある。「これはスターリンとその時代を描いたものです」という表現は、ショスタコーヴィチの最も豊かで複雑な楽譜（スコア）の要約としてはあまりにもシンプルすぎると思えるからだ。例えば第3楽章に出没する、ホルンが奏でる謎のテーマは、結局のところ、当時ショスタコーヴィチが恋していた生徒のことを暗示するものだったのだし。また第2楽章は「スターリンの音楽肖像画」だと言いつつ、すぐさま「大まかに言ってですが」と付け加え、さらに「もちろん他にもいろいろな要素が入っていますが」と、急いで自説を半分引っ込めているところも気になる。ただ私にとっては、もしこの但し書きが無かったら、この部分はもっとずっと信じがたいものになっただろうと思う。

それでもこの作品の中心部には、一瞬たりともひるむことのない、猛烈な痛烈な罵倒があることは間違いない。そしてこの第2楽章の最初に出てくる、暴力的で突き刺すような弦楽器による和音(コード)は、典型的なショスタコーヴィチの「物語」手法なのだ。刺激的な木管楽器が、ムソルグスキーの偉大な悲劇的オペラ『ボリス・ゴドゥノフ』のオープニング・テーマを、あまり手を加えずに引用している。このテーマは、権力欲に満ちた皇帝ボリスの下での、ロシア人民の苦悩と忍耐強さを表現したものだ。これも圧倒的な「われわれ」を表す部分で、1953年にコンサートに出かけたロシアの聴衆のほとんど誰もが、共感できただろう。そして、スターリン亡き後、一体誰がこの権力欲に満ちた皇帝になるのだろうかと、想像を巡らせたことだろう。

「凍結された悲しみ」が流れ出すまで

しかしながら、この作品の作曲をしている頃は、これらは秘密だった。彼が強く欲していた精神的な解放はこの作品で得られたのかもしれないが、あくまでプライベートなものだった。私の場合も同じで、自分の感情を自分の中にある検閲官にさえ見つからないようにしていたのだ。私の複雑な成長過程にまつわる様々な感情の中で、怒りはおそらく最後に表に出てくるものだったようだ。すべてのフロイトの著作の中で私が最も好きなのは『喪とメランコリー』〔1917、日本語版は『フロイト全集14』、新宮一成ほか編、2010、岩波書店に所収〕だが、その中でフロイトは、うつ病（メランコリア）とは、「凍結された悲しみ」ではないかと提案している。その本人にとってとても重要な「何か」あるいは「誰か」が失われて、この喪失が意識的に受け入れられないために、本人がゆっくりとその失われた「何か」ないし「誰か」のいない世界に慣れていくという、悲しみに暮れる過程がブロックされてしまうのだ。私は両親が、こちらが望むような母親や父親には決してなれないことを、あるレベルでは理解していた。しかし私自身の凍っていた悲しみの感情を解かして流し出すまでには、ケイトと出会って精神科の助けとセラピーを経るという、何年もの年月を必要とした。

有名なエリザベス・キューブラー＝ロス〔米国の精神科医〕の「悲嘆モデル」によると、悲嘆には、否定、怒り、駆け引き、うつ、受容、の五つのステージがあるという。これらには特定の順序というものは無く、繰り返し起こったり、取り換え引き換え起こったりすることもあると。私の場合、怒りの感情が一番「自分のものにする」のが難しかった。あたかも、自分は怒りを感じるに値しないと端から決めつけていたか、もしくは怒りの本当の対象は自分自身なのだと決めつけてでもいたかのように。しかし、それが変わり始めた瞬間を私ははっきりと覚えている。

ケイトが私と一緒に両親の家に泊まりに来たことがあった。その後で家に帰る途中、彼女がとても不機嫌なことに気がついた（彼女が機嫌が悪くなると、すぐにわかる）。20分くらいしてから、彼女は車を道端に寄せて止め、泣き始めた。それも、怒りを込めて。どうやら母が彼女をかたわらに呼んで、私のことについて驚くようなひどいことを言ったらしい。ケイトは、母が言った話の内容そのものよりむしろ、母親が息子に対してあれほどネガティブになれるということ自体に、ひどくショックを受けたようだった。「本当にかわいそうだわ」と彼女は言った。「私がこう言うことで、あなたの気分を悪くしてしまったわね」。「そんなことはない！」と私。「まるで僕は何年もの間裁判にかかっていたように感じる。これまではほとんど希望が持てなかったけれど、突然弁護側が思いがけない証人を連れてきて、判事が『この件は、われわれが考えていたほど単純ではなさそうだ』とつぶやくのが聞こえてくるような感じだ」と。ケイトが私の代わりに怒ってくれたことで、言葉に表せないほど心動かされた。それに伴って、体内で何かがわずかに目覚めたのを感じた。ひょっとして、私も同じように感じてもいいのだろうか？ と。

しばらく経って、ラジオからショスタコーヴィチの交響曲第10番が流れていることに気づいた。そしてスケルツォである第2楽章にさしかかると、体が震え出した。今度は私の方が車を道端に寄せなければならなかった。それまで長い間抑えつけられていた悲しみが、なんとか出口を見つけ出し、私の脳内にいるKGB〔秘密警察〕に捕まらずに出てきたのだ。これまで、これらの恐ろしく危険な感情は、音楽の中で経験するだけだったのだが、今はこれらを自分自身の感情として感じることができた。またしても、ニーチェが言うところの、私の情熱が「羽をのばす」ための安全な場所を、ショスタコーヴィチが提供してくれたのだ。交響曲第10番のスケルツォ〔第2楽章〕は、まるで感情の急流下りと言ってもいいものだが、最高にうまく作られた遊園地の乗り物のように、スリル満点であると同時にまったく安全でもある。

2006年にショスタコーヴィチのラジオ番組を作っていた頃、ポール・ロバートソンに話を聞く機会があった。彼は40年近くメディチ弦楽四重奏団のリーダーを務め、後にミュージック・マインド・スピリット信託（トラスト）を創設している。これは「音楽」と「医療」と「学習」と、やや曖昧だが大事なコンセプトである「精神性」との相互関係について研究する目的で設立されたものだ。ロバートソンは、カルテットと一緒に音楽セラピー・プロジェクトに参画して、様々な理由からうつ病に打ちひしがれている人たちに幾度も接してきた経験を語ってくれた。

「私の知る限り、うつ病にさいなまれている人たちは、それに囚われてしまっていて、動くことができないわけです。作曲家にできること、ひいては音楽にできることは、極端に偏った苦しい場所から外へ抜け出るための梯子(はしご)のようなものを提供することです。ある意味それは、感情の奥に分け入って、時として深い痛みを伴うけれども、医療分野で言う『統制の所在〔locus of control〕』〔人生の出来事をコントロールしている主体〕を提供するということかもしれません。言い換えれば、感情を外部化させて、それを観察し、変化させ、あるいは少なくとも変化が可能だということに気づいてもらえるようにするわけです。そうすると痛みの中から、何か美しいもの、何かクリエイティブなものが生まれていることに気づいて、痛みに意味を与えることになります。一つ確かなのは、人間はどんなつらいことでも『意味』さえ見出せれば、それに耐えられるようになるということです」

そしてまさにこれらの音楽セラピーの際に、ロバートソン自身、まったく予想していなかった重大なことに気づくのだ。

「カルテット仲間と一緒に病院で演奏する場合、とても重篤な、ひどく悪い状態にある人たちのために演奏することもあります。初めの頃は単純に考えて、いわゆる明るい楽しい音楽を提供しました。ところが意に反してそれではまったく効果がなかった。わかったのは、例えばシューベルトの『死と乙女』（弦楽四重奏曲第14番）やショスタコーヴィチの〈「ファシズムと戦争の犠牲者に捧ぐ」と題された〉弦楽四重奏曲第8番といった曲こそが、大いなる安らぎと慰めを与えうるということです。なぜそうなのかというと、おそらくそこには何か大いに解放する力があるんですね。音楽に囚われて、心奪われても、音楽なら選択の自由が自分にあって、「統制の所在」が自分に残る。ショスタコーヴィチの燃え上がるような感情の世界に、自らの意志で入っていくことができて、たとえわずかの間でも、自分の内面から外へ出ることができるのです。そこにいなくてもいいという自由、これは純粋に哲学的な自由で、これこそ誰もが求めているものなのです」

ショスタコーヴィチの交響曲第10番のスケルツォを聴いた時に私が感じた自由とは、哲学的な意味をも超えたもの〈肉体的反応まで伴うもの〉だったと思う。5分間〈第2楽章の演奏時間〕、ちょうどテッド・ヒューズ〔英国の詩人〕の詩集『クロウ：鳥の生活と歌から』にあるように、存分に「自分自身の黒い旗をなびかせることができた」のだ〔*Crow Blacker Than Ever* の一節で、徹底して情け容赦なく戦う意思表示〕。しかし「統制の所在」についてポール・ロバートソンが語ったことはまったくその通りで、つまりうつに囚われている人は、〔音楽が鳴っている〕わずかな貴重な時間だけ、彼自身は解放されて、叫んだりダンスしたりしながらその怒りを思いっきり自由自在に放出できるのだ。他の誰も、それを聞くことも見ることも咎めることもできない――たとえ自分自身でさえも。

ショスタコーヴィチの音楽署名D－S－C－H

しかし、こういうプライベートな怒りのダンスのさなかにあっても、〔「私」という個のみならず〕「われわれ」という〔人々との連帯の〕要素が含まれている。第2楽章の初めに鮮やかに提示される『ボリス・ゴドゥノフ』〔ムソルグスキーの悲劇的オペラ〕に出てくる主題メロディーは、抑圧された人々のイメージをしっかりと掲げ、突き刺すようなザンッザンッという弦楽器が奏でる和音から始まって、それが急速に興奮したロシアダンスに展開していく音楽を通して、彼らの心の叫びを伝える。この壮大な浄化の過程を経て、半ばプライベートに半ば集団的に、大いに意味のある何か新しいものが交響曲第10番に出現してくるのだ。

ちょうどこの作品を作曲している頃、ショスタコーヴィチは彼自身の「音楽署名」を生み出してもいる。彼の弦楽四重奏曲第8番のオープニングで、それは明らかに聞き取ることができる。チェロが演奏する四つの音：D－E♭－C－B。ドイツ語による音楽記譜法では（それは英語での記譜法よりも多くの符号があるのだが）、これらの四つの音はD－Ess－C－Hとなる、つまりD.Sch：ショスタコーヴィチ自身のイニシャルなのだ。もちろんこれがあのような心に残る主旋律となったのは、まったくの偶然だが、ショスタコーヴィチはすぐにその音楽的可能性に気づいて、それをフルに活用した。スケルツォに続く不気味な暗い第3楽章では、DSCHが、ミステリアスにグロテスクに怒ったように跳ね回ると同時に、あまり成功しているとは言えないけれども、当時彼の「イナモラタ〔inamorata: 恋の対象〕」だった生徒〔エルミラ・ナジロヴァ〕のことを示唆するホルンが奏でる主題メロディーと、（ショスタコーヴィチが用いる複雑な暗号の一つを使って）うまく絡み合おうとしている。

DSCHがその圧倒的な存在感を示すのは、フィナーレ〔第4楽章〕だ。最初の部分では、ショスタコーヴィチが怒りと喪失を乗り越えたように見える。それから快活なアップテンポのロシアダンスが始まって、これまで出てきた主題メロディーが折り重なるように宴に合流し、勢いを増していく。その最高潮に、DSCHがフルオーケストラで一斉に鳴り響き、圧倒的なゴング音の衝突で締めくくる。ショスタコーヴィチ自身が饗宴の亡霊として出現するのだ。そしてつかの間の緊張した静謐な音楽の後、再びダンスが始まる。DSCHが表舞台に出てきて、ホルンの高音で吠え、低音の金管楽器と弦楽器で高らかに蹴り上げ、4台のティンパニーが情熱的にビートを叩き出し、仕上げに圧倒的な上昇グリッサンド〔音階的な音を滑るように演奏する〕によって――スケルツォ〔第2楽章〕の終わりとよく似ているが――強引に幕を叩き落とすのだ。このエンディングを生演奏やレコーディングで聴いていると、それは勝ち誇ったようだったり、挑戦的だったり、嘲笑的だったり、もしくはまったく絶望的だったり、そして時にはこれらすべてが一緒に聴こえたりもする。その万華鏡のような感情の渦の真っ只中で、最後にはDSCHがいつも私に向かって「私はまだここにいるぞ!」と叫んでいるように聞こえてくるのだ。

私はモスクワにあるショスタコーヴィチ出版社のオフィスで、マナシル・ヤクボフとお茶をともにしていた。プロデューサーのジェレミー・エヴァンスと私は、ショスタコーヴィチのドキュメンタリーのためのインタビューがだいぶ進んでいて、これまでのところなかなかうまくいっていた。強力な表現もあり、個性にあふれていて、そして重要なのだが、多様な視点が提供されていた。しかしわれわれ二人とも、誰か少し後ろに下がって、明らかな矛盾に対して、調和するもしくはバランスをとった視点を提供してくれるような人に話を聞くのがいいだろうと感じていて、マナシル・ヤクボフと話をしているうちに、彼こそ適切だという感じがしてきた。整頓されているが、適度に快適で、よく使いこまれた本が整然と並んでいる彼の部屋からは、思慮深く、拙速な判断に走らない人だということが見て取れた。

ヤクボフが、ショスタコーヴィチの受け入れられ方や評判の核心にある矛盾に光を当ててくれることを期待していた。彼の音楽に対する批評がどれほど大きく揺れたとしても、その矛盾はいつもしつこく残っていたからだ。つまり、一方では、ショスタコーヴィチは、クラシック音楽界で最も直截にコミュニケートできる作曲家の一人である。彼の音楽は聴衆の心をわし摑みにして、大きく揺さぶる。これほどの力を持った他の20世紀の大作曲家はほとんどいない。明らかにマーラーやチャイコフスキーやベートーベンに匹敵するものだ。彼は、第二次世界大戦以降に作曲しているクラシック音楽の作曲家のうち、今でもコンサート会場を満杯にすることができる、稀有な一人だ。明らかに彼の音楽はたくさんのことを発信している。しかしもう一方で、その発信内容は何かということになると、解釈は実に多岐に分かれてしまう。ひどい時は、論争が危険なほどエスカレートし、嫌になるほど独善的にさえなる。特に『証言』に関するそれはひどかった。この本は、果たして編者であるソロモン・ヴォルコフが主張するように、本当に「ショスタコーヴィチの回想」なのだろうか？　それとも、他の人たちが断言するように、一部もしくはその全体がでっち上げられたものなのか？果たしてショスタコーヴィチは、当時の政権が主張していたように、ソ連社会主義の忠実な僕（しもべ）だったのか、あるいはまた『証言』が暴露したように、スターリンとその活動を忌み嫌っていた同志たちに、慎重にカモフラージュされた反動的なメッセージを送っていた、反体制の人だったのだろうか？

時を経て、特にエリザベス・ウィルソンの『ショスタコーヴィチ：その人生の回想』〈未邦訳〉と、イサーク・グリークマンの『ある友情の物語』〈未邦訳〉が出版されてから、ショスタコーヴィチがソ連社会主義の真の信奉者だったという説は、ほぼ説得力を失って、幸いにも論争はもう少しニュアンスのあるものに変わってきた。それでも、交響曲第5番と交響曲第7番の終章が、勝ち誇ったように見える力強い長調になっていることに対して、また第10番で飛び散るように明るいE長調を通してDSCHが踊りまくることに対して、どのように反応「すべき」なのか〔ソ連体制への賛歌ではないのか〕という疑問が残る。

それに対する適切な答えは、単に「イエス」なのかもしれない。私は、ベートーベンが歌の楽譜に走り書きした「時々は反対のことが正しい場合もある」という言葉が気に入っている。『証言』の一部は深く印象的で、ショスタコーヴィチもしくは誰か彼によく似た人か、確かにそう語っているように見える。しかし、もしそれが本当にショスタコーヴィチだったとしたら、一体どのショスタコーヴィチなのだ？『証言』の中に出てくる意味深い発言の一つは、本文ではなく、ヴォルコフの前書きの中に出てくる。彼が、この本の下敷きとなった（と本人は言うのだが）インタビューについて説明している部分で、「ショスタコーヴィチはしばしば自分自身と矛盾することがあった。従って、彼の言葉の真意は推測するほかなく、三重底になっている箱の中からそれを抽出しなければならないのだ」と。真意を「抽出する」だって？　もしショスタコーヴィチ自身が、そもそも矛盾した存在だったらどうなんだ？　「三重底」こそが真意そのものだったとしたら。

これらの疑問をマナシル・ヤクボフに投げかけてみた。彼の答えは、慎重で、冷静かつひねったものだった。「われわれのいる世界はとても曖昧さに満ちています。そしてショスタコーヴィチの音楽の中に、これらの曖昧さが、他に類を見ないほど強く浮き彫りにされているのです」。つまり、質問そのものがメッセージであって、それらには、特定の解釈などないということだろうか？　「大事なのは、人間は自由な世界に生きているという考えそのものが幻想だということです。人間の意識は、二つ三つ五つ十と、社会の中でいくつにも分かれることができます。われわれは子供たちにはあることを言い、伴侶たちには別のことを言い、友人たちと連れ立っている時にはさらに別のことを言う」。巨大な警察国家に生きる公的な一市民として、ショスタコーヴィチは、正気を失うぎりぎりのところまで自分を「分割」しなければならない圧力を、ひしひしと感じていただろう。われわれとて、いかなる社会に住んでいようと、意識の多分割を避けては通れないのだ。「人間は、意識をいくつもの異なる部分、しばしば互いに矛盾するような部分に分割することで生きています。ショスタコーヴィチは、多くの矛盾を抱えながら生きていかなければならないというわれわれの存在を、まったく希釈することなく、むしろ凝縮して表現しています。だからこそ、われわれは彼を大いに必要とするのです」

ネガティブ・ケイパビリティ『ミケランジェロ組曲』

詩人ジョン・キーツ〔英国〕は「ネガティブ・ケイパビリティ〔端的な答えの出ない不確かで不可解な状態を受け入れる能力〕」について語っている。キーツによると、人間は「事実と理由をせわしなく追い求めることなしに、不確かさや不可解さや疑問の中にいることができる時にこそ、最もクリエイティブになる」という。ショスタコーヴィチの作品、特にフィナーレの部分には、「不確かさや不可解さや疑問」が全開で、これらの部分についての政治思惑に基づく解説の多くこそ「事実と理由をせわしなく追い求め」ているように見える。ポール・ロバートソンが勧めるように、この音楽に意味を見出そうとするなら、それは理屈にならない不確かさを受容するような、別の種類の意味でなければならない〔「人間はどんなつらいことでも『意味』さえ見出せれば、それに耐えられるようになる」〕。

こう書きながら、頭の中では、『ミケランジェロの詩による組曲』の最終章が静かに鳴っている。私のようなショスタコーヴィチの愛好者にとってさえ、『ミケランジェロ組曲』は難しい。ショスタコーヴィチの後年の作品の多くは、死の想いに囚われている。ショスタコーヴィチが交響曲第14番として世に出した作品は、死をテーマとした11の楽章から成る、オーケストラによる連作歌曲だが、生き生きとした活力と感動に満ちていて、聴衆を思わず立ち上がらせてしまう。これとは対照的に『ミケランジェロ組曲』の方は、音楽によって多角的に「説明」された臨床的うつ状態のように思える。適切な心理状態の時でなければ聴くのをためらわれる作品だ。クライマックスに向かう第10楽章の、他でもない「死」と題された歌曲の中では、歌手によるつらい告白を、不気味な線の細い伴奏がかろうじて支える。「人生は短く、私にはもうほとんど残されていない……」「私の魂は私に早く死んでほしいと促す……」「誤りが勝って、真実は反撃できない……」「神よ……死が先に襲ってきて、皆の姿を永遠に固めてしまうなら、あなたがすべての者たちに偉大な光を約束しても、むなしいだけではないのか?」。年齢よりも早く老いて、体が弱く、恐怖に脅かされていたショスタコーヴィチが、われわれに直接語りかけているように見える。しかし人生は本当に、「大音響なしの哀れなうめき声」*で終わってしまうのだろうか?

すると次に〔第11楽章で〕驚くようなことが起こる。まぶしいほど明るいF♯長調でピッコロとフルートとクラリネットが(オーケストラ版では)まるでTVのキャンディー広告かと思うような、さえずるような軽い旋律を喋り出すのだ(リボンを付けた子供たちが笑いながら、ちょっとぎこちないアニメのキャラクターと一緒に踊っているような場面が想像できる)。「ここで運命は、私をあまりにも早く眠りにつかせようとする」と歌手が歌う。「でも私は、本当には死んでいない、住家を変えたけれど、あなたの中に生き続けているから」。

これも同じショスタコーヴィチの語りなのか？　明るい広告ソングは、これさえもむなしい希望なのだとわれわれに伝えるための、皮肉なのだろうか？　もしそうなら、なぜそうしたのか？　皮肉は「死」の真っ暗闇に、一体何を付け加えることができるのだろう？　ここでマナシル・ヤクボフの言葉が意味を持つ。ショスタコーヴィチは、「多くの矛盾を抱えながら生きていかなければならないというわれわれの存在を、まったく希釈することなく、むしろ凝縮して表現しています。だからこそ、われわれは彼を大いに必要とするのです」。

「私は死んではいない」と歌は結んでいる。それから静かな長調の鼓動が聞こえてきて、チェレスタが不出来なオルゴールのように一瞬の輝きを見せたかと思うと、ハープによる長調の和音の繰り返しが次第に消えていって、モレンド・アル・フィーネ、「次第に消え入るように終わり」となる。これはまさしくマナシル・ヤクボフが言っていた分割された意識のことで、「時々は反対のことが正しい場合もある」〔ベートーベン〕ということなのだろう。しかもこの底知れぬ溝にはロープが渡されていないのだ。われわれは幻のロープを引っ張る代

＊1　英国の詩人T・S・エリオットの詩『うつろな人々（*The Hollow Men*）』の有名な最後の一文。これを含む最後の一節は、童謡『Here We Go Around the Mulberry Bush』のリズムに則ったもので、童謡の軽さが世界の終わりのむなしさを際立たせている。

わりに、ここでは浮かんで流れに身を委ねなければならない。果たして本当に浮かんでいるのだろうか、それとも実は落下しているだけなのだろうか？　いずれにしろ、われわれにはどうすることもできない。しっかりと踏ん張るのを諦めよう、そしてそれで良しと折り合いをつけようと、ショスタコーヴィチが言っているようにも聞こえる。

　これは今の私が受け取っているメッセージだ。ティーンエージャーの頃、あるいは大人になってすぐの頃に、ここまで理解できたかどうかはわからない。今でさえ、ところどころを理解するだけなのだから。T・S・エリオットが言うように、「人間は／あまり現実を掌握することができない」[*2]ようだ。しかし、メッセージが存在していることだけは確かだ。例えば、昔私が家庭で直面せざるを得なかった奇妙な試練を思い出す時、この音楽は私に「誰のせいでもないんだよ」と語りかけているように思える。誰かのせいにするのは、一面では人生に意味を与えることにもなるのだが、それによって（おそらく仏陀も同じように言っただろう）、非難することで生ずる苦しみの虜（とりこ）となってしまうことにもなる。だから、私の頭の中の声が何と言おうと、あの試練は母のせいでも父のせいでもそして私自身のせいでもない、誰のせいでもなかったのだ。

＊2　T・S・エリオットの詩集『四つの四重奏』の中の第一の詩 *Burnt Norton* より。

『交響曲第8番』が呼んだ酷評と自己肯定感

おそらくこういう理由で、ショスタコーヴィチが両腕を広げて不条理を受け入れているような時、それらはしばしば平和のメッセージをもたらすことになるのだろう。この最も美しい例の一つは、交響曲第8番のフィナーレに出てくる。前にも説明したが、カタルシスをもたらすクライマックスがぷっつりと切れて、続く静寂が再び、酔っぱらったように跳ね回るベース・クラリネットと、半分冗談めかした民族音楽のようなバイオリンによって断ち切られる。これはショスタコーヴィチの作品の中でも、最もキッチリと統合された楽譜の一つで、約1時間の音楽の大半は、交響曲の最初の部分で弦楽器によって提示された二つの音程〔胚芽案〕から派生したものなのだ。しかし、ベース・クラリネットとバイオリンによるモチーフは、交響曲の最初の部分で出てきた「胚芽案」とは、連結していない。たとえ連結できたとしても、ちょうどベートーベンの交響曲『エロイカ』〔交響曲第3番〕の最初のテーマを、童謡『海辺にいるのが大好き〔*I do like to be beside the seaside*〕』と無理やり連結させようとするようなもので、ロジックに無理がある。第8番のエンディングをとても特別なものにしているのは、この後に来る部分だ。徐々に交響曲の主モチーフがこっそり戻ってくるのだが、前にこのモチーフに付随していた怒りや悲惨さや苦痛は、ここではすっかり消えている。最終的に音楽は、昔の苦悩を思い出させるようなフルートと、低い弦楽器によるメロディーが静かに消えゆくのを背景に、この世のものとは思えないような美しさのC長調の和音が、その静謐なピアニッシモを長く続けていく。

今では想像できないことだが、１９４０年代に交響曲第８番がまだできたばかりの頃、ソ連政権はこれに対して大いに異議を申し立てた。１９４３年の初演時の反応は、だいたい消極的なものだった。しかしその後に出た交響曲第９番が、多くの期待に反して堂々たる「勝利の交響曲」ではなかったため、再びショスタコーヴィチに対する政治的な態度が逆転し始める。そして今度は、交響曲第８番が、間違った方向へ行った例として次第にやり玉に挙げられるようになった。１９４８年の悪名高き「ジダーノフ批判」では、中央委員会書記アンドレイ・ジダーノフがショスタコーヴィチを「ブルジョワ形式主義者」と呼び、交響曲第８番は「不健康な個人主義的」作品であり、「反大衆で悲観主義的」作品の例だと決めつけたのだ。ジダーノフは、この交響曲を「道路わきで耳にするドリル音、または音楽のガス室」に匹敵するとまで言った。批判の熱狂の頂点は、作曲家ウラジミール・ザカロフの次のようなコメントに集約されている。第８番は「音楽芸術とはまるで何の関係もない『合成品』で、まったく音楽作品と呼ぶに値しない」と。この作品は、スターリンの死後も長い間、非公式な演奏禁止状態に置かれていた。

ジダーノフ批判の翌年、ショスタコーヴィチは友人のイサーク・グリークマンに宛てて心中を吐露した手紙を書いている。本題に入る前に、酢をきかせた自己嘲笑を枕にして。彼は、悪評を浴びた交響曲第8番に言及するのは、徹底的に強い否定コメントを伴わない限り危険だと知っていたし、直接言わずともどの「作品」のことを言っているのか、グリークマンなら理解してくれるとわかっていた。

「病気の発作、というか複数発作の間、私は自分の一作品の楽譜を取り出して、初めから終わりまでしっかりと読み通しました。そしてその出来の良さにとても驚いて、このような作品を生み出したことを誇らしく嬉しく思うべきだと思いました。私がこれを書いたのだということがほとんど信じられないくらいです」

交響曲第8番の最終ページに描かれている、苦悶を通して得た安らぎと解決の感覚は、おそらく人生のどん底にあったショスタコーヴィチにとって、心に深く真実として響いてきたのだろう。「このような作品を生み出したことを誇らしく嬉しく思うべきだ」というコメントが、それをよく物語っている。公的な侮辱の只中にあって、ショスタコーヴィチは、自身の作品の中に深い自己肯定を見出したのだ。

「ムーミントロール」が教える見つめることの大切さ

子供の頃、トーベ・ヤンソンのムーミントロール本が好きだった。大人になってから読み返してみた時、あらためてそこにあふれる英知と思いやりと心理的な鋭さに驚かされた。『たのしいムーミン一家』の第2章では、ムーミントロールが、ちょうどカフカのグレゴールのように、おそろしい変身をしてしまうのだ。かくれんぼをして遊んでいる時に、近くの山の上で友達と一緒に見つけてきた大きな黒い帽子の中に隠れる。だれも知らなかったのだが、これはいたずら小鬼の帽子で、その中に入ったものを変えてしまう魔法の力を持っていた。そうとは知らないムーミントロールは、かわいい、丸々とした、カバのような口先をした姿から、奇妙な、嫌な感じの、ぎこちない姿に変わってしまっていた。彼が帽子から出てきた時、友達はみな嫌悪感を表す。ムーミントロールは最初こそ面白がっていたものの、すぐに本当に怖くなる。特に母親が彼のことをわからないようだったからなおさらのこと。

「『もうこのゲームを終わりにしてよ』とムーミントロールは泣きながらうったえた。『もうぜんぜん面白くないや。ぼくはムーミントロールで、あなたがお母さん。ほんとにそうなんだから！』

『あなたはムーミントロールじゃない』とスノークの女の子が冷たく言った。『彼は小さなきれいな耳をしてるけど、あなたのはやかんの取っ手みたいじゃないの』

ムーミントロールはこんがらがってしまって、大きなちぢれた耳を掴んだ。『でも、ぼくはムーミントロールなんだ！』としょげながら叫んだ。『信じてくれないの？』

『ムーミントロールには小さなすてきなシッポがあるよ、ちょうどいい大きさの。でもきみのは煙突そうじのブラシみたいじゃない』と、スノークが言う。

おお、なんということ、それは本当だった！　ムーミントロールは震える手で自分のシッポをさわってみた。

『きみの目はスープ皿みたい』と、スナフキンが言った。

『きみはにせものだ！』とヘムレンが決めつけた。

『だれもぼくのことを信じてくれないの？』とムーミントロールが泣きついた。『お母さん、よく見てよ。あなたのムーミントロールなんだよぅ』

ムーミンママはよぉーっく見てみた。彼のおびえたような目を長いことじーっと見つめて、それから静かにこう言った。『たしかに、あなたはわたしのムーミントロールだわ』

そのとたん、彼の姿は変わっていった。耳も目もシッポも小さくなっていって、鼻とおなかがふっくらしてきて、すっかりもとのすがたにもどった。

『もう大丈夫よ、わたしのかわいこちゃん』とムーミンママが言った。『わかったでしょう、何が起こったって、わたしにはあなたのことがちゃんとわかるのよ』

もしも、カフカの『変身』の中の似たような場面で、グレゴールの妹が「そうよ、あなたは私のグレゴールだわ」と言っていたなら、彼も魔法が解けるように元の姿に戻れたのだろうか？

何らかの岐路に立った時に、母親が息子や娘の目をじっと見つめて、「そうよ、あなたは今でも私の愛しい子よ」と言ったなら、それはその子の発達上、大きな転換点となるだろう。心理療法の文献もこれに同意しているようだ。大きな影響力を持ったアリス・ミラー〔スイスの心理学者〕著『才能ある子のドラマ：真の自己を求めて』〔１９９５、日本語版は山下公子訳、１９９６、新曜社〕や、もっと地味なタイトルだが、ジョルジー・ゲルゲイ〔ハンガリーの認知心理学者〕と、ジョン・S・ワトソン〔米国の心理学者〕の論文『親のアフェクト・ミラーリング[*1]〔情動鏡映〕についての社会的バイオ・フィードバック理論：幼児期における感情的な自己意識と自制心の発達』〔Int J Psychoanal. 1996 Dec〕など。

こういった子供を承認する場面では、たくさんの脳神経学的なあるいは心理学的な反応が起こっているようだ。まず第一に、母親は子供に対して共感（エンパサイズ）できなければならない。すべての母親は自然にこれができるのだと誰もが信じたいところだが、実際にはそうではない。子供が誕生した後で、母親と子供の絆の形成に問題が生じることもあれば、それ以前に、母親自身とその両親との関係に問題がある場合もある。第二に、母親は子供を「抱きしめる」こと、文字通りの意味だけでなく（それも大事なのだが）、感情的に幅広い意味でそうしなければならない。感情というものは、小さな子供を脅かす経験となるかもしれない。それは閉じ込めるにはあまりに強いので、精神的な不安定を招くおそれもある。つまり母親は、子供が悩んでいることに気づいてその悩みを優しく共有し、その子が自分の怒りや恐怖や痛みを表現するのを受け入れて、言葉や行動で「もう大丈夫」という風に安心させてやることができるのだ。

驚くのは、われわれは大人になっても、愛する人たちがつらい感情を制御するのに苦心している時に、同じような表現を使うという点だ。母親は必ずしもいつもパーフェクトにこれらができなければならないわけじゃない（よかった！）。小児科医であり精神分析医であっ

＊1　ミラーリングとは、親が幼児の表情やお喋りや行動や気持ちを直感的に映し返す行動のこと。

たドナルド・ウィニコット〔英国〕によると、母親は「まあまあ良い」のであればそれでよし、と。「まあまあ良い母親は……まず自分の赤ちゃんのニーズにほぼ完全に合わせることから始めて、時間が経つにつれて、子供に母親の不完全さを補う能力が育ってくるのに呼応して〔子供が自分でできることが増えてくると〕、次第にその完全さが減っていく〔手助けの量を減らしていく〕」。もし母親が本当に「まあまあ良い」のであれば、ムーミンママがムーミントロールに与えたような、そしてグレゴール・ザムザの妹が（彼女がバイオリンを弾くことで与えた希望に背いて）彼に与えることができなかったような、「決定的な承認」が起こるのだ。それがないと、子供は自分の感情の嵐吹き荒れる海に置き去りにされて、母親の目をじっと見つめてそのメッセージを読む、ということができない。たとえどんなに困難なメッセージであったとしても、読むことができさえすれば根本的にはそれで「まあまあ良い」はずなのだ。

溶岩をも凍らす母の言葉

私自身は、母からこのメッセージを受け取ることはなかった。時折、私が彼女を喜ばせると、母は息が詰まるくらい愛情たっぷりになることもあったし、ドキドキするくらい愉快な時もあった。本当に素晴らしい読書家だった（ムーミントロールを読み聞かせてくれたかどうかは覚えていないが）。しかし私が彼女のご機嫌を損ねると、それは決定的で、彼女は自身の嫌悪感を隠そうともしなかった。私は次第に彼女の視線を避けるようになった。彼女の視線は、私が友達や家族の前で自然と知的に早熟なところを見せると活気づいて、称賛の色を帯びることもあったが、時には刺すように鋭かったり、相手をしぼませるものだったりもした。とにかくまったく予測できないのだ。誰かを訪問した後など、しばしば彼女に「ボクいい子だった？」と聞いたのを覚えている。その次の日あるいはそのあと数日の私の命運は、その時の彼女の返答にかかっていたから。時にはまったく返事をしないこともあって、そういうのが最悪だった。私の不安そうな質問を避けて、遠くの方をじっと見つめているだけで、私の方を見ることとさえしなかった。

たまに母が、私と一緒にいるのを大いに楽しんでいるように見えることもあった。しかしその後、私は思春期に突入してしまう。ムーミントロールのように、知らないうちに小さな小鬼の、男性的発達という帽子の中に入ってしまって、あろうことか自分が変身するのを容認してしまった。この頃、ブチの子猫がわが家に出入りしていたのを覚えている。母も私も猫好きで、猫の到来は良い兆しだととらえられていた。それからしばらく子猫は来なかったが、戻ってきた時には、すっかり大きくなっていて、二つの立派なオスの素材を備えていた。するとと母は「彼らが大きくなって、みんなオスになってしまうのが、本当に憎たらしい！」

と言い放ち、その声は溶岩をも凍らすほどの冷たさだった。

確かにティーンエージャーの男の子たちを好きになるのは難しいだろうが、母はその努力をすることとさえ端から放棄していた——父が精神的に破綻してからは特に。ある時のことをよく覚えている。16歳くらいだったろうか、私は精神的な破綻をきたして、キッチンのテーブルですすり泣きしていた。普段なら、どこか遠くに行って感情を処理していたのだが、事態はあまりにもひどいところまで来てしまっていた。同年代の人たちや大人たちから、私がある意味「変だ」と繰り返し言われ続け、また二人の怖い年上の男の子たちから、奇妙な同性愛的な半分宗教的なイジメにもあっていて、ずっと我慢していた堰(せき)がとうとう切れてしまったのだ。母は私に一瞥もくれず、かわりに暴言を吐いた。私は「バカ」で「ヒステリー」で「自己中」でと、まだまだ続く。そのうちのいくつかは、自己嫌悪の語彙に習熟していた私自身にさえ、まるで意味をなさないようなものだった。

今なら、母自身が何とかやっていくことで精一杯だったこと、そして母は両親が彼女を扱ったのと同じやり方で私を扱っていたのだということが、よく理解できる。彼女が感じていたのは、私への嫌悪というよりむしろ、パニックにずっと近いものだったのだろう。ポール・ロバートソン〔バイオリニスト・メディチ弦楽四重奏団のリーダー〕の回想録『音風景：音楽家の生と死の旅〔*Soundscapes: A Musician's Journey through Life and Death*〕』〈未邦訳〉を読んで、彼の母親の記憶が私のそれとあまりにも似ているので驚いた。「決してよく考えることなしに、内面の恐怖に駆られるように、彼女は最もひどいことを言ってしまうことができた」と。私の母がとうとう完全にバランスを崩して精神科病棟に入院した時、私は目のあたりにした光景に芯まで揺さぶられる思いだった。心配そうに前かがみになり、前方をずっと見つめて、両手は懇願するように強く結ばれ、精神は狂ったようにぐるぐると回って、何度も何度も恐ろしい速さで同じ質問を繰り返して自分を痛めつけていた。安心させようとしても何の効果もなかった。一つの不安な質問に答えると、彼女はたちまちそれを打ち落とし、即座に次の質問を投げつけるという具合だった。

ティーンエージャーの私は、自分を罠(わな)にかかったドブネズミのように感じていて、出会うすべての鏡〔他人の反応〕は、自分自身が感じているのと同じような、薄汚い、意気地なしの、卑劣なネズミを映し出しているように見えた。

いいや、すべてではないけれどもほとんどの鏡が。

ワーグナーが描いた究極の愛『トリスタンとイゾルデ』

ポール・ロバートソンの『音風景』の終わりの方で、私をハッと止まらせた一節がある。

「私は、ほとんどの人が子宮内や母親の胸の中で経験する一種の無条件の愛というものについて、他の人たちの経験をぜひ知りたいと思っていた。もちろん私自身も、これを実際の愛の親密さの中で達成したいと思っていたのだが、結局一番それに近い状態になることができたのは、音楽の中でだった。

例えばオキシトシン、オピオイド、セロトニンといった、親密さや喜びや信頼に関係する化学マーカーの多くが、脳内の音楽的な報酬系と関連しているのは、驚くことではない。音楽が、愛情行動の真似をし、反映し、刺激するというのは、すでによく知られている――まさしく『愛の糧』[*2]なのだから」

ポール・ロバートソンが「親密さの化学マーカー」、特にオキシトシンについて言及しているのは印象深い。これは「愛情ホルモン」と呼ばれることもある化学物質だ。オキシトシンが母性愛や恋愛に大きな役割を果たしていることは、科学的に確立されていて、二人の人間が視線を合わせる〔アイ・コンタクト〕と脳内のオキシトシンのレベルが上がって、共感（エンパシー）と尊重（エスティーム）の気持ちが高まることも、様々な研究ですでに明らかにされている。同時にそれは、心を落ち着かせる効果もあるようだ。『臨床看護ジャーナル』〔*The Journal of Clinical Nursing*, August 2009〕によると、心臓外科手術を受けた患者がベッドで休んでいる時、音楽が、患者のオキシトシンのレベルを上げて、痛みやストレスや不安のレベルを下げることが確認されている。

そのような科学的な保証があるのは心強い限りだが、だからと言って、これがムーミンママがムーミントロールの目を見つめた時に、彼の心や体の中で起こったことだ、あるいはグレゴール・ザムザの妹が彼の目を見つめることができなかった時には、起こらなかったことだ、という風に「説明」するつもりはさらさらない。脳神経学者アントニオ・ダマシオが「起こったことに対するフィーリング」(『意識と自己』1999、日本語版は田中三彦訳、2018、講談社学術文庫)と呼ぶようなもの——ある出来事に対して人間の脳内に起こった観察計測できる変化ではなく、実際に主観的に感じた経験のこと——について知ろうと思ったら、哲学者ともう一人の作曲家に少し触れてみなければならない。『死に捧げられた心:ワーグナーのトリスタンとイゾルデにおける性と神聖』(2003)〈未邦訳〉の中でロジャー・スクルートンは、リヒャルト・ワーグナーの恋愛悲劇の傑作『トリスタンとイゾルデ』の第1

*2　シェークスピア『十二夜』第1幕、第1場に出てくる公爵の科白。
「公爵:もし音楽が愛の糧であるのなら、弾き続けてくれ!
飽き飽きするまでやってくれ、食べ過ぎて、
食欲が衰えてなくなってしまうまで」

幕を説明している。イゾルデは侍女ブランゲーネに、自分がもう少しでトリスタンを殺害するところだったと告白する。かつて深手を負ったトリスタンを、別の人だと思って介抱した後で、イゾルデは彼が自分の許婚であったモーロルトを殺した相手だと知る。イゾルデは、トリスタンの剣を摑んで彼を殺そうとするが、その決定的な瞬間に、彼が彼女の目をじっと見つめるのだ。

Von seinem Lager
blickt' er her –
nicht auf das Schwert,
nicht auf die Hand –
er sah mir in die Augen.

「ベッドの中から、
彼は上を見て——
剣ではなく、
私の手でもなく——
私の目をじっと見つめた」

その「愛のまなざし」こそ、とスクルートンは言う、

「愛の魔法の根本なのであり、それは言葉による表現をはるかに超えた抽象的な共鳴を引き起こす。トリスタンとイゾルデの物語をドラマ化するにあたって、理由はわからないけれども互いに離れられなくなってしまった恋人たちの様子を最高に印象づけるために、ワーグナーは、最初に二人をつなげることになった相互の見つめ合いを、ドラマとしてしっかり表現しなければならないと考えた。それこそが、二人を精神的にも肉体的にも一緒にしたのだから。相互の目の中に何が映っているのか、それぞれの目が何に見とれたのかを、観客に直接表現するのは不可能だ。彼が私を見つめている時の彼の目の中に映っている私、つまり相手を自分だととらえるこのミステリアスな認識は、私という対象だけが持つことができるのだ」。

しかしワーグナーには、舞台演出と言葉による語りの他に、音楽という手段があった。

「イゾルデがトリスタンのまなざしを思い出す時に、オーケストラが彼女の言葉を説明するように伴奏し、この震えるような物語に、すばらしく柔らかな悲しそうなため息を

吹き込むことで、イゾルデの怒りは飛んで行ってしまうのだ。この時、聴衆はイゾルデと一体になって、愛のまなざしの中に絡みついている言葉では表せない自我というものを、ある意味自分の耳で見ることになるのだ」

これまでワーグナーの『トリスタンとイゾルデ』の上演を見たり聴いたりしているが、「愛の魔法」が音楽の中で具現化されていて、二人の間の「抽象的な心の共鳴」というものが驚くほど見事にこちらに伝わってくる。もしそれが幻想だと言うのなら、私はニーチェと同じように答えよう、「おそらく人間は、生きていくために幻想を必要とするのだ」と。

人間がどれほど強くこの幻想を必要としているか、ニーチェの若い頃の指導者だったワーグナーほどよく知っている者は他にいないだろう。このオペラを書く少し前の1855年に書かれた手紙の中で、ワーグナーは、何を目指して『トリスタンとイゾルデ』を書くのか語っている。「私は人生を通じて、一度も真の愛の喜びというものを味わったことがないので、数多ある夢の中でも最も美しいこの夢の記念碑を、その中で真の愛が初めて完璧に成就されるようなものを、ぜひ打ち立てたい。これを『トリスタンとイゾルデ』で達成するつもりだ」。ワーグナーが言う「真の愛の喜び」とは、恋愛と同時に母性愛をも意味していたのではないかと考えたのは、決して私だけではない。

ワーグナーの子供時代からは、様々なことが剝奪(はくだつ)されていた。物質的には安定していた家の生まれだが、彼がまだ5か月の時に、故郷であるライプツィヒ市で、「ライプツィヒの戦い」〔1813年、ナポレオンのドイツ支配を終わらせることになったフランス対連合軍の戦い〕が始まった。ナポレオンの軍隊は、ロシアでのひどい軍事前線から引き揚げる際に、プロシア、ロシア、オーストリアの連合軍とここで対戦したのだ。これによって約10万人が、戦場で死亡するかまたは深手を負い、ライプツィヒ市の方は戦争のために周辺から遮断されてしまって、市民は飢餓に襲われた。ワーグナーの身体的な特徴――発育不全気味の小柄な体に大きな頭部――は、一部栄養失調からきたものではないかと推測されている。ワーグナーの母親ヨハンナ・ワーグナーは、繊細な息子に対して、それほど時間と優しさを注いでいたようには見えない。彼女は大家族の世話をしなければならなかったので、子供のリヒャルトが毎夜ひどい夢にうなされて叫び声をあげると、彼はアパートの隅の部屋に追い払われ、後の回想によると、そこでは一層ひどい孤独と恐怖に襲われたという。オペラの第3幕でトリスタンが病の床から発する絶望的な嘆きは、ワーグナー自身の孤独と恐怖体験に根差しているのかもしれない。

mußich der Nacht entauchen –
sie zu suchen,
sie zu sehen,

sie zu finden,
in der einzig
zu vergehen,
zu entschwinden

「私は夜の闇を破って行かねば——
彼女を探すために、
彼女に会うために、
彼女を見つけるために、
彼女の中でこそ
私は命絶えて、
消えていくことができる」

自分の存在そのものを根底から揺さぶってしまうような苦しく切ない憧れというものを、これほどドキドキさせられ心かき乱されるように表現した音楽作品を『トリスタンとイゾルデ』の他には知らない。また一方では、第1幕にあるように、絶対に和解しがたいと思われたものが、和解する可能性を感じる場面もある。これらの洞察力に優れた場面に出会うと、何か大事なものが欠けていたためにそれで苦しんできた人たちは、その欠けているものに特に敏感になるのかもしれないと思わせられる。ちょうど、飢えに苦しむ人々が、食べ物のジューシーな細部に至るまで克明に夢に見るように（私の知る限りではトーベ・ヤンソン自身も、「愛のまなざし」が持つ癒す力を描く際に、自分の記憶よりも想像力に頼っていたようだ）。

音楽は果たして、母親による無条件の愛にとって代われるものだろうか？　確かに、音楽を聴いている時には、もう一人の「自分」によって監視されずにすんでいる。エルンスト・ブロッホが主張するように、音楽を聴いている時には「自分自身に耳を傾けている」のだ。それは、音楽によって表現されたパーソナリティを通じて見える、多少屈折した自分なのだが、他人に耳を傾けているわけではない。それでも、ロシア人の友人が言うように、音楽を聴いていると「最悪の気分が、何か美しいものに昇華されていくのを聴いているような、特別な感覚がある」という。そういう時には、音楽が、われわれが望んでいた鏡を高く掲げてくれて、ちょうどグレゴール・ザムザが問いかけたように、「音楽がわれわれをこのように感じさせるのであれば、われわれはどうして野卑な獣や虫などであろうか？」と、問いかけることができるようにしてくれるのだ。音楽は、ポール・ロバートソンが（シェークスピアに倣って）言うように、生きようと決意した心にとっての「愛の糧」となる。

心理学者のカール・ロジャース〔米国〕は著書『生き方〔*A Way of Being*〕』〈未邦訳〉の中で、力強い例を挙げている。

「少年だった頃、冬の間ジャガイモは、上の方にだけ小さな窓がある地下室に貯蔵されていたのを覚えています。そんな悪条件の下でも、ジャガイモは芽を出していました。春になって土中に直に植えれば出てくる健康的でしっかりとした緑の芽とは違って、地下室のは貧弱な白い芽です。しかし、これらのひょろっとした頼りない芽でも、高窓から漏れてくる光に向かって60センチから90センチくらいには育つのです。これらの芽は奇妙で不毛かもしれないが、ある方向に向かって進むという性質の必死の表現だと見ることができます。これらの芽は、植物として大きく成長することも潜在能力を発揮することもできない。しかし、最もひどい環境にあっても、成長しようと努力するのです。生命は、たとえ花が咲かなくとも決してあきらめないのです」

私の場合、実在する他人が私の「成長しようとする努力」を認めて助けてくれなかったら、本当の意味で花開くことなどなかっただろう。ほとんど実母がわりになってくれた叔母や、辛抱づよくかたわらにいてくれた友人たち、30代の時に診てくれたユング派のセラピスト、そしてとりわけケイト。それでも、これらの治療や励ましは人生の後半になってから出会ったもので、それまでの私を支えていたのは音楽だった。そして音楽が確かに何かを育んだという議論の余地がない証拠がある。それは、私がまだ生きていて、成長し続けているということだ。

ショスタコーヴィチ精神破綻す

ショスタコーヴィチは、ソ連社会主義の地獄から逃げることを真剣に考えたことがあるのだろうか。私が出会った何人かの彼の友人たちによると、ショスタコーヴィチは、自分の運命は他の人々のそれとあまりにも深く絡み合っていると感じていたため、逃げることは考えていなかっただろうと。とどまって時代の証人にならなければという一種の責任感が、常に優先したようだ。しかし１９６０年の夏、彼のキャリアの一時期に、別の意味での逃亡の可能性を考えたことがある。前にも触れたが、それまで彼は、共産党員になることを何とか回避していた。しかしソ連当局は、スターリンの死後、ソビエト連邦が大きく変化したということを世界に宣伝するのに躍起になっていた。この時期は「雪解け」と言われ、新たに共産党書記長になったニキータ・フルシチョフが、政治的・文化的自由化というものを推進していた。それによって、ショスタコーヴィチが、最悪にして過剰なスターリンの「個人崇拝」

の犠牲者だったということを、公式に認めることも可能になった。この上、もしも共産党員になるよう彼を説得できたなら、生存するロシア最高の作曲家が、〔新しいソ連共産党に対して〕その承認のスタンプを押したことになって、西欧諸国に向けてどれほど良い宣伝になることか！

1960年6月29日、イサーク・グリークマンは、すぐに彼のアパートに来てくれるようにというショスタコーヴィチからの電話を受けた。駆けつけたグリークマンは、そこで目にした光景に慄く。長い付き合いの中で、これほど彼が憔悴しきっている姿を見たことがなかったからだ。ショスタコーヴィチはベッドに頽れて、体を震わせながら泣き出した。ようやく落ち着いてくると、グリークマンが繰り返す質問に「彼らは何年も私を追いかけ、追い詰めてきたんだ……」とかろうじて答え始めた。グリークマンが、一体何が起こったのかを何とか聞き出したのは、およそ1時間ほどしてからのことだった。狡猾にもフルシチョフは、遠回りの手法でアプローチした。まずショスタコーヴィチは、ロシア連邦作曲家同盟の新会長に選出されたと知らされた。大変な名誉だ！　しかし、一つ問題があった。この新たな地位に就くには、共産党員でなければならないのだ。しかしこれは単なる手続き上のことではないのか？　ショスタコーヴィチを共産党員にする役目は、説得技術に優れたP・N・ポスペロフに回ってきた。グリークマンは、その著書『ある友情の物語』の中で、ショスタコーヴィチが彼に語った「実際の言葉」を綴っている。

「ポスペロフは、私が共産党員になるよう、あらゆる手を尽くして説得してきました。最近はニキータ・セルゲーエヴィチ・フルシチョフの下で、みな自由に楽に息ができるようになったのだと言って。ポスペロフはフルシチョフを絶賛して、彼の素晴らしい若さの話――そう、実際に若さという言葉を使ったのですが――、そして彼の素晴らしい計画の話をして、スターリンではなくニキータ・セルゲーエヴィチの指導下にある今こそまさに、共産党に入る良い潮時ではないかと言ったのです。私はほとんど言葉を失いかけていましたが、何とか舌足らずではあっても、私はそのような名誉に浴する器ではないと答え、さらに藁にもすがる思いで、マルクス主義をまだ十分に把握するには至っていないので、それができるまで待つべきではないかと言ったのです。加えて、私には信仰があることも問題だし、作曲家同盟の会長が共産党員である必要は特にないのではないか、例えばコンスタンチン・フェディンやレオニド・ソボレフのように、非共産党員であって作家同盟の要職についている人たちもいるではないかという議論もしました。しかしポスペロフは、私の反論にはまったく耳を貸さず、フルシチョフが音楽の発展に特に熱心であること、そして私にはそれをサポートする義務があると彼は思っている、ということを何度も繰り返したのです」

それ以前は、当局の役人や尋問者たちに対して、ショスタコーヴィチは粘り強く抵抗してきた。しかし、ポスペロフは、ありとあらゆる抜け道を塞いでいたのだ。彼のやり方は、とにかくショスタコーヴィチを根負けさせることだった。しまいには限界に達して、「その後、またポスペロフと会うことになって、再び彼が私を隅に追い詰めました。とうとう最後には、耐えきれなくなって降参してしまったんです」。ショスタコーヴィチは、これは避けられないことだった、運命に逆らえない時もある、と自分に言い訳したかもしれない。しかしたとえ強要されたのだったとしても、降伏したことへの慙愧(ざんき)の念に打ちのめされてしまったのだ。グリークマンは後に、「当時はまだわかっていなかったけれども、それから数週間のうちに彼は、心をむしばんでいる苦悩を、弦楽四重奏曲第8番の中に放出して、魂を解放することになるのです」と語っている。

自身のレクイエム『弦楽四重奏曲第8番』が魂を救う

P・N・ポスペロフとの会合の1か月後、1960年7月に東ドイツを訪問している間に、ショスタコーヴィチは、弦楽四重奏曲第8番を書き上げた。公式には、ショスタコーヴィチが、第二次世界大戦中のドレスデンで起こった恐ろしい破壊の跡を目にして、作曲されたことになっている。それからかなり後の1987年（私が初めて同市を訪れた時）でも、まだ市の立派な建物群は破壊されたままになっていた。弦楽四重奏曲が出版された時、その献辞には「戦争とファシズムの犠牲者たちへ」と書かれていた。ショスタコーヴィチがドレスデンで目撃したことに心を動かされなかったとは考えられないし（私自身かなり動揺した）、「戦争とファシズム」が彼とその友人たちの心に深い傷跡を残したのも間違いない。しかし、第8番を作曲していた時に彼の心にあった一番の関心事は、それではなかった。前に引用したグリークマンへの手紙の中で作曲家は、共産党が認可した2本の映画の音楽制作に取りかかろうとしていたが、代わりに「この思想的に欠陥のある、誰の役にも立たない弦楽四重奏曲」を作曲することになったと告げている。続けて、「もし私が死んだら、私を追悼して作曲してくれる人がいるとは思えないので、自分で作曲しておいた方がいいと考えるようになりました。表紙には『この弦楽四重奏曲の作曲家を追悼して』という献辞をつけて」と。そして手紙は半分感動的で半分辛辣な調子で続き、弦楽四重奏曲がいかに音楽的な引用にあふれているかを解説している。まず基本的なテーマは、ショスタコーヴィチ自身の音楽的署名、つまりＤＳＣＨだ。前にも触れたように、交響曲第10番の最終章では、これが挑戦的に、もしくはヒステリックに、あるいは両方合わせたような状態で踊りまくっていた。次は、ショスタコーヴィチ自身の交響曲第1番と第5番、ピアノ三重奏曲第2番、チェロ協奏曲第1番、そしてオペラ『マクベス夫人』からの引用だ。そして次に、ワーグナーの『神々の黄昏』

〔『ニーベルングの指環』４部作の４番目〕の葬送行進曲の変異版をにおわせるものと、以前出てきたチャイコフスキーの交響曲『悲愴』を切り裂いたような引用だ。ショスタコーヴィチによるとこれらは、

「本当にかなり良い小さな寄せ集めです。これは悲劇に似せた弦楽四重奏曲で、作曲している時には、半ダースのビールを飲んだ後で排尿するのと同じくらいの涙を流しました。家に帰って、それを二回ほど通奏しようとしたけれども、いずれの場合も涙があふれてきてしまった。悲劇に似せているから泣いたというよりむしろ、形式が最高にうまく融合しているという驚きの感動からきたものです。ここには少し自己賛美もあることにお気づきかもしれませんが、それがすぐにいつもの自己批判を伴う失望感にとってかわられるのは間違いないでしょう」。〔グリークマンへの手紙〕

ここではペンチが再登場していて、この場合は、自己毀傷（きしょう）の道具として使われているのだが。もう一人の信頼されていた友人である音楽学者のレヴ・レベディンスキーは、それにもまして不吉なことを聞かされている。

「作曲家は、この弦楽四重奏曲をファシズムの犠牲者に捧げていますが、それは本意を

隠すためでした。もっとも彼は、自分がファシスト政権の犠牲者だったと認識していたので、献辞は適切ではあったのですが。彼は実際これが、それまで作曲したものの集大成になるように意図していて、自身の人生への告別の辞だったのです。彼は、共産党員になることは道徳的かつ肉体的な死を意味すると考えていました。ドレスデンで弦楽四重奏曲を書き上げて多量の睡眠薬を購入し、そこから戻ってきた日に、彼は私の前で弦楽四重奏曲をピアノで弾いて、目に涙を浮かべながらこれが最後の曲だと言って、自死の意志をほのめかしました。おそらく無意識のうちに、私に助けを求めていたのかもしれません。私はなんとか彼の上着から睡眠薬を抜き取って、彼の息子マキシムに渡し、弦楽四重奏曲の本当の意味も説明しました。そして、決して父親から目を離さないようにと頼んだのです。それから数日の間、自殺の危機が過ぎたと感じるまで、私はなるべくショスタコーヴィチと一緒に時間を過ごすようにしました」(ボリス・シュワルツ『*Music and Musical Life is Soviet Russia, 1917-70*』からの引用)

「おそらく無意識のうちに、私に助けを求めていたのかもしれない」というレベディンスキーの推測は、大いにありうることだと思う。このことは、ショスタコーヴィチが友人を選ぶ鑑識眼の高さを証明している。しかし、こう言ったからといって作曲家の苦悩が減ったわけではない。危険は間違いなくあった。それでも、弦楽四重奏曲第8番を作曲したり、それを自分自身や聴く耳を持った人たちに演奏することで、つかの間の心の解放にはなっただろう。最悪な自己嫌悪の只中にあった時のグリークマンへの手紙の中でさえ、彼は弦楽四重奏曲第8番を聴いて〔感動して〕泣いてしまったことを認めている。それはもちろん「悲劇に似せて」いるから泣いたわけではない。作品の初演から2年後の1962年に、ボロディン弦楽四重奏団が、作曲家本人からの建設的な批評を期待して、モスクワにある彼のアパートで、彼のためにこの作品を演奏したことがある。ショスタコーヴィチはその時、批評するかわりに顔を手で覆って泣き出した。演奏家たちは、察して静かに楽器をしまってその場を立ち去ったのだった。どうやら涙は、解放感だけでなく、ある種の精神的高揚をもたらすようだ。

もう一つ触れておかなければならない。ショスタコーヴィチがイサーク・グリークマンへの手紙の中で、「形式が最高にうまく融合している」と誇っていたことについてだ。

苦しい隔離の只中にあったショスタコーヴィチのこの手紙には、突然一筋の光が差し込んでいることに気づく。一瞬だが、苦い皮肉ではなく、喜びと誇りの光が。ちょうど、悪名高きジダーノフ批判の次の年に、これもグリークマンに宛てた手紙の中で、ショスタコーヴィチが交響曲第8番について説明していた時のように。今度の場合、彼は前よりずっとはっきりしていて、ある特定の楽節の美しさとか悲しさが彼を感動させたというのではなく、もっと抽象的なものを指していた。

では「形式が最高にうまく融合している」とは一体何を意味していたのだろうか？

DSCHが誘う人生回顧の旅

弦楽四重奏曲第8番の形式については、ショスタコーヴィチが言っていることが正しいが、私がそれを把握するまでには随分と時間がかかった。弦楽四重奏曲第8番は、並外れた存在だ。第二次世界大戦後に書かれたクラシック弦楽四重奏曲の中で、本当に人気があると言える稀な作品で、現在50以上ものレコーディングが出ている。YouTubeに出ている10の完全演奏版の中で、例えばクロノス弦楽四重奏団によるものは、(この原稿を書いている時点で)すでに37万回の視聴を獲得している。その下に出ているエマソン弦楽四重奏団による第2楽章の演奏になると、100万回近く視聴されているのだ。他のどの現代弦楽四重奏曲も、これにははるかに及ばない。その人気は根強く、初演されるやすぐに、繰り返し演奏される曲目となり、この曲を演奏したことがない主要な弦楽四重奏団を探すのは、ますます難しくなってきている。

私が学生だった頃、英国の学界では、ショスタコーヴィチに対する抵抗、特に弦楽四重奏曲第8番に対してかなりの抵抗があった。振り返ってみると、二つの要因があったのではないかと思う。一つには、この弦楽四重奏曲の「愕然とするほどの人気」(英国の指揮者トーマス・ビーチャム卿の言葉を借りれば）に対する古い貴族的な脅威の念、そしてもう一つは、この音楽が持つ感情を動揺させる力に対する恐れに裏打ちされた、一種の防衛的な気取りのポーズから来ている。そういえば、ジョージ・オーウェル〔英国〕の著作『ウィガン波止場への道』に対する一部の英国知識人たちの反応について、社会学者であり文化批評家でもあるリチャード・ホガートがコメントしたのを思い出した。ペンギン・クラシックス版の序文の中で、ホガートは、オーウェルが労働者階級の居間の家庭的な雰囲気を愛情込めてあれこれ話す一節を、幾人かの批評家たちが「感傷的(センチメンタル)」だと批判したことについて、言及している。

「それどころか、これは感傷的(センチメンタル)などではまったくない。これは、オーウェル自身の信念や発見に基づく勇気、つまり彼の心が開かれたことを正直に認める勇気を反映したものなのだ。今日の知識人たちの多くは、オーウェルの時代もそうだったが、拮抗する意見というものは受け入れることができて、オーウェルもそういう意見を多く提供している。しかし、あたたかさや愛の表現ということになると、彼らは途端に落ち着かなくなり、見くびるような見下すような言葉に走りがちになる。素直に『オーウェルはその不愛想な堅さにもかかわらず、ここでは、独自の誠実なやり方で生きている人たちに心を開いていて、われわれにもそういう生き方を勧めている』と言うことができない。かわりに『彼はここでは、感傷的（センチメンタル）になっている』と批判する。この『感傷的』の『──的』という言葉は一種の逃避手段で、本当の感傷（センチメント）を考えることから逃避しているのだ」

昔の学問上の同僚たちについてここで述べたが、私自身も残念ながら、最初はオーウェルが示したような勇気を出すことができなかった。勇気を出すことができるようになって初めて、弦楽四重奏曲第8番を構成している要素が、こちらを動揺させ、わくわくさせ、そして最終的に感動させるものであることに気づいただけでなく、この弦楽四重奏曲の構成自体が、感情的なインパクトをもたらす上で非常に重要な役割を果たしていることにも気がついた。

それまでの多くの主作品では、ショスタコーヴィチは、ハイドン、モーツァルト、ベートーベンといった「古典派音楽」の巨匠たちが採用していた形式に則って、音楽的な思考を形成していた。これらの形式は、少なくとも一般人にとっては、言葉で描写するより、感覚的に感じる方がずっと易しい。しかし弦楽四重奏曲第8番に関しては、ショスタコーヴィチは「ソナタ形式」「ロンド」「テーマとバリエーション」といったようなものから離れて、かなりオリジナルな手法を採用しているのだが、不思議なことに、その輪郭について言葉で説明するのは、ずっとたやすくなっている。イサーク・グリークマンへの手紙の中で、ショスタコーヴィチは、「この弦楽四重奏曲の基本テーマは四つの音で、D、E♭、C、B、つまり私のイニシャルD.S.C.H.です」と語っている。つまり、彼自身が「テーマ」なのだ。しかしこのテーマは、ギリシャ悲劇や小説の主人公のように、それ自体が次第に変化していくというような、古典派交響曲の展開にはなっていない。まず四つの楽器が、厳格にゆっくりと展開するバッハのフーガのように、互いに真似るような形で交互に静かにこのテーマを奏でる。しかし、バッハに似た表現豊かな対位法はすぐに終わってしまって、今度はビオラが異なるピッチでDSCHを奏で、そこに他の三つの楽器がユニゾン〔同じ音程と旋律〕で参加する。これによってモチーフがしっかりとわれわれの記憶に刻まれ、後でそれがしばしば再出するたびに、聴衆はそれとわかるようになっている。

まず、1960年の彼の手紙の中で説明されている（音楽に通暁しているグリークマンにはこの説明は不要だったろうから、ショスタコーヴィチは他の読者も想定していたのだろうが）彼自身の作品の引用の、最初のものから見てみよう。第一バイオリンが弾くDSCHの最後の音は、そのままずっと続いていって、彼の交響曲第1番のオープニングに引き継がれていく。この曲によって彼は、19歳にして一挙に国際的な名声を獲得したのだ。DSCHが再び登場して、四つの弦上で厳かにハーモニーを奏で、それから低い弦上でドローンコード〔長く続く通底和音〕が静かに奏でられる。それに乗せて、第一バイオリンが静かに低音に向かってスライドして、チャイコフスキーの『悲愴』交響曲の「愛のテーマ」を、すすり泣き風にひねって演奏する。そして今度はチェロとバイオリンがイミテーション形式〔同じメロディーが異なるピッチで繰り返される〕で再びDSCHを登場させる。それから第一バイオリンが交響曲第5番のテーマの一つを奏でる。この曲は、1936年の『マクベス夫人』がもたらした危機の後で、ショスタコーヴィチを見事に復活させたのだった。

これらの引用について詳細を知っている必要はない。実際、これらの詳細を知っている評論家たちでさえ、それらの引用の重要性についてしばしば意見が合わないのだから。ショスタコーヴィチはこの曲を通して自分の人生を振り返っていて、われわれにも彼と一緒にそうするよう誘っているのだ、という明らかな事実を除いては。全体を通じた感情的なトーンはとてもはっきりしていて、これは明らかに深く哀愁を帯びた音楽だ。ショスタコーヴィチの音楽署名であるDSCHは、音楽のアルバムを繰る上でのガイド役を務めている。あるいは、ダンテの『神曲』[*3]の『地獄篇』に出てくるウェルギリウス〔古代ローマの詩人〕の霊と同じように、DSCHはショスタコーヴィチ自身の私的な地獄の道案内をしているのかもしれない。

DSCHは、熱狂的な第2楽章においても、案内人の役割を果たしている。自作のピアノ三重奏曲第2番のフィナーレから採用した、クレズマー形式〔東欧のユダヤ民族音楽の形式〕

＊3　『神曲』は、聖金曜日の前夜に暗い森に迷い込んだダンテが、死後の世界を旅する物語。心酔する古代ローマの詩人ウェルギリウスの霊に導かれて地獄と煉獄を旅し、永遠の淑女ベアトリーチェの導きで天国を旅する。

のユダヤ人の民族音楽を、二度紹介している。ショスタコーヴィチの親しい友人の多くはユダヤ人だった。彼は反ユダヤ主義を毛嫌いしており、迫害に対するユダヤ人たちの果敢な抵抗を称賛し、それに耐え抜く助けとなるユーモアを愛していた。第3楽章では、DSCHが一種の悲しいワルツの調べに変わって、次の引用となるチェロ協奏曲第1番（これも初演から大成功した）のテーマへの橋渡しをする。

読者諸賢は、これらすべての意味を理解するためには、かなりの知識を必要とするという印象を持たれたかもしれない。弦楽四重奏曲第8番の内容は、まるでやけくそな「内輪の冗談」の数珠つなぎのようなものだと。しかし、この音楽の人気の高さは、どの引用が入っているのかまったく知らない人も、あるいは引用が入っていることさえ知らない人まで、この曲に魅了されてしまうことを表している。DSCHに関しては、私が司会した「音楽の発見」というライブ・セッションや、私が教えた音楽鑑賞のクラスでの、聴衆の反応をよく覚えている。ある女性は弦楽四重奏曲第8番を初めて聴いた後で、DSCHのテーマ音を口ずさんで、「あれが彼よ、ショスタコーヴィチなのよ！」と言った。DSCHが、この弦楽四重奏曲の感情の展示会場を「案内して」いて、そこに展示されている引用曲は、どれも全体的に暗く悲しみに満ちているという解釈には、他の聴衆も大いに共感している。引用曲についての知識を持っていればもちろん楽しみが増えるが、それらが楽しむための必須条件〔sine qua non〕だということではない。

それぞれがつながっている五つの楽章のうちの最終楽章では、驚くようなことが起こる。それまでは、弦楽四重奏曲第8番の進展は、進展と言っていいかどうかは別にして、回転しながらゆっくりと移りゆく情景、もしくは展示場で絵画を見て回るような感じに似ていた。これは、従来の交響曲や協奏曲や弦楽四重奏曲に見られる、流れるようにダイナミックに変化する音楽による討論とはかけ離れている。弦楽四重奏曲第8番は、静止した感じ、あるいは静止した瞬間の数珠つなぎのように感じられるのだ。しかし、『マクベス夫人』のメロディーを苦しいほどいとおしく振り返った第4楽章の後で、何かが変化する。ちなみにショスタコーヴィチはこのオペラを、かなり難しい関係ではあったものの明らかに愛していた最初の妻ニーナに捧げている。前に出てきたいくつかの音楽引用の一部が、低いソロバイオリンによって、次第にゆっくりとDSCHに変転していき、最後には音楽もそれに従い始める。第1楽章に出てきたDSCHを基にしたイミテーション形式部分は、バッハのフーガのように成熟しようとしているかに聴こえたのだが、この「切望」は挫折して、このアイディアのエネルギーは不燃焼のまま据え置かれた。しかし最終章では、DSCHは行動の自由を与えられている。引用は一つもなく、この音楽がずっと求めていた、堂々としていてとてつもなく悲しいフーガが出現するのだ。

ベートーベンの音楽セラピー

再びフロイトの『喪とメランコリー』に戻ると、うつ〔メランコリア〕とは、涙を流すことによって癒されるまで、外に流れ出ることができない悲しみのことだという。この記述は、アントニー・ヴォン・アーネス〔オーストリアの舞台女優〕による、誰あろうベートーベンが施した一種の音楽セラピーセッションについての、感動するほどシンプルな話を思い出させる。ベートーベンに師事し、かつ友人でもあったピアニスト、ドロテア・ヴォン・エートマンは、幼な子を亡くして深い悲しみに沈み、「たった一人の息子の葬儀の後、彼女は涙を流すことができませんでした……夫のエートマン将校が、ベートーベンの許に彼女を連れて行ったのです。師匠は一言も言わずに、彼女が泣きだすまで、彼女の悲しみが出口と慰めを見出すまで、音楽を弾き続けました」。もちろんベートーベン自身は、「これまで音楽によって表現されたもののうち至高の物悲しい感傷」とワーグナーが形容するような、素晴らしく哀愁を帯びたスローなフーガを作曲している。弦楽四重奏曲C♯短調Op.131の第1楽章のことで、ちなみにこの曲はおそらく彼の「後期」弦楽四重奏曲の中で最高の作品だろう。そしてこの偉大な告別のフーガは、ショスタコーヴィチのそれと同じように、極めて印象的な四つの音によるモチーフを基本としている。またJ・S・バッハは、あの不朽の名曲『フーガの技法』の最後で、自分の署名であるB–A–C–Hを基礎音にしてフーガを書いている。このフーガは途中で未完のまま終わっているが、それは（息子のC・P・E・バッハが、楽譜に加えた注によると）「この部分で……作曲者が亡くなった」からだそうだ。ショスタコーヴィチは弦楽四重奏曲第8番を作曲している時に、これらのことをもちろん知っていて、それが曲の豊かな知的背景の一部となっている。それでも、前に言った通り、これらを必ずしも知っている必要はない。いよいよ最終章でフーガは、この弦楽四重奏曲が強く望みながら実現していなかった、カタルシスという目標に向けて流れ出し、それが、続く低いビオラとバイオリンが奏でるシンプルで民族的な音楽によって癒されて、最後にビオラのソロとなる。ちょうどドロテア・エートマンがベートーベンの演奏を聴いた時と同じように、悲しみがとうとう「出口と慰め」を見出したのだ。

ショスタコーヴィチの弦楽四重奏曲第8番の中で、特に私に直接響いてくる部分がある。2000年の初め頃のことだ。その少し前に私は、スコットランドで1年ほどザ・スコッツマン新聞社の音楽批評家として働いた後、ケイトと一緒にスコットランドからヘレフォードシャー〔英国西部にある地区〕に引っ越してきた。その頃、母との関係があまりにも悪くなり、私は、できる限り非難や攻撃の言葉を避けながら、母に長い手紙を書いて、われわれの関係の在り方を変え、もっとオープンで正直な対話をするよう試みたつもりだった。彼女の返事は、表面上は妥当だが、その後ろではナイフを鋭く研いでいる音が聞こえるような感じだった。当時私は、気にしないでおこうとした。それ以外に何ができるだろう？　しかし、次第に深いうつに落ちていって、奇妙な妄想に取りつかれ、一種のおかしな地獄が目の前に浮き上がって見えることに恐怖を感じるまでになった。ケイトや良き友人たちの助けで、1999年のクリスマスは何とかやり過ごすことができたが、その後フリーランスのライターとして社会生活に戻らなければならなかった。そこで最初に来たのが、思い出すと胃が縮むのだが、ショスタコーヴィチの弦楽四重奏曲第8番の演奏CDに添付される小冊子に、解説を書く仕事だった。

机にくぎ付けとなってグリークマンやレベディンスキーの記述を読んでいると、これは人生で最悪のタイミングなのではないかという思いがふつふつと湧き上がってくる。それでも全楽譜（スコア）を読み通しながら、一部をピアノで弾いて、私自身が何を説明したいのかはっきりさせようとした。そうしているうちに「最高の形式的融合」に対するショスタコーヴィチ自身の「驚き」が、次第に私の思考を彩り始めてきたのだ。ある時若い役者が劇作家サミュエル・ベケット［アイルランド］に対して、彼の演劇作品にはあまり希望がないということを、半分冗談めかして言った。するとベケットは、「そうかね？」、「もし希望を持っていなかったら、劇など書いてはいないだろう？」と答えたという。おそらく書くという行為そのもの、あの「最高の」形式的融合を生み出す過程そのものが、ショスタコーヴィチの中に希望を芽生えさせたのではないだろうか。まだ無意識下にあった希望の芽が、はからずもレヴ・レベディンスキーに、睡眠薬の隠し場所を教えたのかもしれない。私の場合ははるかに下の創作レベルだが、机に座って書くのに苦労している時に、この希望の感覚をともにしている感じがした。

これは、決してターニングポイントというようなものではない。ジョン・バニヤン〔英国の文学者・牧師〕の『天路歴程』〔プロテスタント派の宗教理念に基づくベストセラー寓意物語〕にあるような、肩の荷が一挙に下りて心が解放され、救いへの道を喜んで歩み始めるというのとは違って、どちらかと言うと、ドアにわずかながら割れ目が生じ、そこから一時的に内側を覗くことができるようになったというような感覚だ。しかし、自分自身の「最悪の感情」が、素晴らしいクリエイティブな力によって（ロシア人の友人が言うように）「何か美しいもの」に変化したのを見ることは、私に生活の立て直しと回復への道を開いてくれたばかりでなく、1年後に訪れる救いの瞬間への下準備をしてくれることにもなった。この瞬間については後で振り返るが、まずこの音楽の形式とそれがもたらす「驚き」の感覚について少し話をしたい。

V

規律のアポロ神と情熱のディオニュソス神の調和

まじめに哲学を読み出した頃、ほどなくしてショーペンハウアー〔ドイツの哲学者〕とニーチェに強く惹かれるのを感じた。もちろん惹かれる理由の一つは、彼らが素晴らしい著述家であるからだが、偉大な哲学者が必ずしもそうであるとは限らない。人間のマインドに関する彼らの考え方が、その他多くの西欧哲学者たちによる秩序立った抽象化とは、かけ離れているからだ。それは繊細で、皮肉たっぷりで、陰翳(いんえい)と突然の光にあふれている。そして最も魅力的なのは、二人とも音楽を「人間が経験の意味を理解するための重要な手段」として位置付けている点だ。ショーペンハウアーの哲学とは、「うつ状態というものを驚くほど明確に述べたもの」と説明することができよう。ショーペンハウアーによると、ほとんどの場合われわれは、世の中の姿について、そして自分自身について、哀れなほど自己欺瞞(ぎまん)に陥っているのだという。われわれは世の中の真の姿を知る由もない。もっぱら自分たちの知覚が知らせてくれる範囲内で知るのみで、しかもその知覚情報は限られている上に驚くほどいい加減ときている。われわれは自分自身についてさえも知らないのだ。なぜそのような行動をとったのかその理由を説明するにあたって、実際は「事後に」理由付けをしているにすぎない。

われわれの行動の本当の動機は、もっと深いレベルすなわちフロイトが言うところの「無意識」のレベルにある。われわれが意識的に行う思考や現実世界だと認識するものすべての背後には、「盲目的な強い欲求」と言い換えてもいいような抽象的な「意志（ウィル）」（ドイツ語のWilleの訳語としては十分ではないが）の存在があって、そいつはいつでも基本的な食欲を満たそうと働き、悲劇的なことに、どこまでいっても決して満たされることがないのだ。人間〔つまり「意志（ウィル）」〕が自分自身をどこまで欺くのかその証拠を知りたければ「野心」を見てみよ、とショーペンハウアーは言う。彼の有名な箴言によれば、「富は海水のようなもの」であり「飲めば飲むほどのどが渇く。名声とて同じこと」だと。

ショーペンハウアーによれば、まがりなりにもそこ〔意志による束縛〕から解放されうる可能性は存在する。一つは崇高なるこの聖人〔意志（ウィル）〕を放棄してしまうこと、もう一つは音楽を通してのものだ。音楽は、個人が持つ意志という苦しみからわれわれを解放し、つかの間われわれに原始的な純真さというものを、意識しながら回復させることができる。カフカについて書いた本の中でエーリッヒ・ヘラー〔英国の随筆家〕は、カフカの著作の中で音楽が果たしている役割について解説していて、このチェコの作家に影響を与えたショーペンハウアーについても言及している。

「音楽とは、『意志（ウィル）』の声そのものであり、世界の抽象的本質（エッセンス）の音そのものと言える。

ショーペンハウアーにとっての音楽とは、分断されていない幸せな自己の記憶や、自己を克服することで得られる調和、すなわち『誤りを正して』安定した一つのまとまりを取り戻すような調和、をもたらすものなのだ」

ショーペンハウアーにとって、音楽を通して得られるこの分断されていない幸せな自己の復元は、単に一時的なものでしかない。音楽が止んでしまえば、もとの悲劇的で落ち着かない分断された状態に投げ戻されてしまう。ニーチェはもっと希望的で、アート、特に古代ギリシャ悲劇のようなアートは、長い間その影響を及ぼすことが可能だと考えていた。ニーチェはこの点について、最初の著作『悲劇の誕生』（フルタイトルは『音楽の精神から誕生した悲劇』）の中でくわしく語っている。ニーチェは、古代ギリシャが生み出したいくつもの暗く崇高な傑作は、最も良識のある――あるいは彼の言葉を借りれば「最も健全な」――人類の業績ということになる。ギリシャ人たちは、悲劇というアートを通して「世界の歴史といわれるものの悲惨で破壊的な喧噪と、自然が示す残酷さを、大胆にも直視する」ことで、彼らの心の平衡を保ち、時には強化していったのだと。悲劇という媒体を通して暴力や苦悩を経験することで、観客は生きていくことのおぞましさに対峙する勇気をもらい、ニーチェが言うように「人生にイエスと言う」ことができるようになる。ギリシャ悲劇が体現しているのは、まさに「アートによる悲惨さの克服」なのだ。

しかし克服するには、そして調和と融合とが回復されるためには、ショーペンハウアーが言うように、「誤りを正して」、「合理的な意識と、無意識下の『意志（ウィル）』との間の亀裂」を癒さなければならない。ニーチェはこれら二つの力を説明するにあたり、擬人化したシンボルを使っている。ニーチェが選んだのはゼウス神の息子たちで、規律と光と合理的思考の神であるアポロと、混沌と暗闇と非合理性の神であるディオニュソスだ。ニーチェによると人生は、これら二者間の絶え間ない争いなのだが、古代ギリシャ人は両者の間をとりもって、「互いに容認する」ことを促す方法さえも見つけたのだという。簡単に言うと、アポロ神による規律を求める精神が、混沌としているけれども活力あふれるディオニュソス神の活動に、秩序をもたらすという考え方だ。ニーチェによると、すべてのアートはこれら両者の調和を目指しているのだが、古代ギリシャ人たちこそ、最も人生を肯定するような真の意味での両者の融合を成し遂げたのだという。

ニーチェの時代とそれ以降の古典学者たちは、ニーチェの提案を、ギリシャ人たちの悲劇に対するあるいは人生一般に対する態度を分析したものだととらえて、あまりそれに賛成していない。しかしニーチエは、〔ギリシャ人の態度に対する分析ではなく〕アポロ神とディオニュソス神は原型ではないかと提案しているのだ。ウィリアム・ブレイク〔英国詩人〕の言葉を借りれば、これらの神々は「人間の魂の二つの相反する状態」だということになる。アートや心理学の分野では「アポロ神 vs ディオニュソス神」の対照法は、大いに共感されてきて

いる。カミール・パーリア〔米国の社会学者・批評家〕によると、

「アポロ神は、西欧的な個性と分類思考の、固く冷たい分離独立を象徴している。ディオニュソス神は、エネルギーと恍惚と興奮と混乱と感情過多、そしてアイディアと実行との間のぼんやりとした無差別を象徴している……両者の完全なる調和は不可能だ。私たちの脳は分離していて、脳と身体も分離している。アポロ神とディオニュソス神との争いは、高次認識を司る新皮質と、旧い辺縁系および爬虫類脳との争いでもある」[*1]。（マイケル・トリンブル著『なぜ人間は泣きたがるのか：悲劇と進化と脳』〈未邦訳〉より引用）

しかしニーチェは、「完全なる調和」もしくは少なくとも調和のイメージだけは可能だと考えていたようだ。そしてそれは、「音楽の精神から生まれた」形式を使うことで達成できると言う。ショーペンハウアーの方は、亀裂を癒して「誤りを正す」とはどのようなものなのかを、音楽の力がわれわれに示してくれると言う。

ショスタコーヴィチの音楽はしばしば、カミール・パーリアが言う「ディオニュソス神」的な要素、つまりエネルギーや恍惚や興奮や感情過多に満ちていると言われる。——しかし彼のもっと成熟した作品では、「アイディアとしても実際にも、無茶な奔放さ」はほとんど

出てこないのだが。ショスタコーヴィチの作品では、最も強い感情表現が、しばしば形式の中にしっかりと収納されているのは、驚くべきことだ。弦楽四重奏曲第8番のフィナーレは、とても美しく構成されているのみならず、西欧クラシック音楽の中で最も規律の取れたアポロ神スタイルである「バッハの対位法」を使って表現されている。ショスタコーヴィチ作品の中で、最もカタルシス的でスローな楽章の多くは、パッサカリア〔反復するテーマに基づいた変奏曲〕の形式をとっている。これは反復する和音パターンや低音テーマの上に構築されたダンス形式の曲で、12小節から成るブルース形式〔ブルースなどのポピュラー音楽でよく使われるコード進行〕によく似ている。例えばバイオリン協奏曲第1番の第3楽章は、ショスタコーヴィチの最高傑作の一つと呼ぶ人も多いのだが、胸が張り裂けるような悲しみのほと

＊1　原典は、カミール・パーリア著『セクシュアル・ペルソナ：ネフェルティティからエミリー・ディキンソンまでの芸術と退廃』〔1990、日本語版は『性のペルソナ』鈴木晶ほか訳、1998、河出書房新社〕。ダ・ヴィンチ、ゲーテ、シェークスピア、ルソー、バイロン、ワイルド等々の作品を分析しながら、西欧の文化における対立は、規律とシンメトリーを象徴するアポロ神と、混沌と自然を象徴するディオニュソス神との対立に象徴されるものであり、性別によるステレオタイプや生物学的な性差というものにも、ある程度真実が含まれているとする。

ばしりであると同時に、見事に構築されたパッサカリアにもなっていて、それは精巧なバッハの模倣にあふれ、知的であると同時に悲痛でもある。ニーチェが悲劇の中で起こるべきだと主張したような、「固く冷たい分離」と強い「感情過多」の両者の「抱擁」が、ここでは起こっているのだ。バッハの場合と同じように、どこで「知的な」部分が終わって「感情的な」部分が始まるのか、まったく特定できない。高度認識に関与する新皮質と感情的な辺縁系が一緒になって、「完全なる調和」を生み出しているのだ。この両者のバランスは長続きしないかもしれないが、少しの間だけ、調和の可能性を目撃することができる。そしてショスタコーヴィチとともにわれわれは涙するのだ。自分の深い悲しみとつらさのために、そしてこの音楽の「素晴らしさ」のために。そう、われわれは野卑な獣などでもなければ、合理的な抽象的存在でもない。この調和の瞬間には、われわれは分断を超えてしまうのだ。

ネアンデルタール人の「音楽言語」

音楽がわれわれに直接、個人的に、「語りかけてくる」瞬間というものがある。2000年、私がショスタコーヴィチの弦楽四重奏曲第8番に取り組んで、リスナーたちに役立つようなことを何か言おうと四苦八苦していた時に、音楽の中の二つのポイントがくっきりと浮かび上がってきた。もちろん一つ目は、カタルシスとひそかな調和をもたらすような最後のフーガだが、もう一つは、ゆっくりとした計算されたフーガが始まるすぐ前にある楽節だ。これはこの弦楽四重奏曲のターニングポイントと言ってもいいと思うが、ここでは作曲家自身の作品からの最後の引用がなされている。チェロが高音で、『マクベス夫人』の第4楽章に出てくる愛と喪失を歌ったカテリーナのアリアを、いとおしく悲しく思い出すように奏でるのだ。この時ショスタコーヴィチが、このオペラを献呈した相手である彼の最初の妻を思い出していたのは間違いないだろう。それぞれの引用の意味はいろいろあるとしても、この弦楽四重奏曲のほとんどの引用は「われわれ」という感覚を呼び覚ます。交響曲第1番と第5番は初演から大成功を収めたので、時代背景はひどいものだったが、ここでは作曲家と聴衆は歓喜の肯定の記憶を共有している。ピアノ三重奏曲第2番と、チェロ協奏曲第1番と、『マクベス夫人』も同様だが、これらがそれぞれ誰に献呈されているのか覚えておくのは重要だ。親しい友人たちだった音楽学者イヴァン・ソレティンスキーやチェロ奏者ムスティスラフ・ロストロポーヴィチ、そしてオペラはニーナ・ショスタコーヴィチだ。

『マクベス夫人』の引用の中で最初にチェロが奏でる3音には、特別の意味がある。カテリーナは、彼女を捨てて他の女性の許に行ってしまった恋人のセルゲイに向かって歌うのだ。彼女は彼の名前の愛称「セリョージャ」を歌う。もしチェロ奏者がこのことを知っていればもちろん役に立つが、聴衆が知らなければならないわけではない。初めて弦楽四重奏曲第8

番を聴いた時、私はこのオペラについて何も知らなかったし、それが引用されていることも知らなかった。しかし、チェロがあの耐えられないほど心が痛む上下する溜息を演奏し始めると、のどが詰まるような感覚があったのをはっきりと覚えている。

『歌うネアンデルタール』〔２００５、日本語版は熊谷淳子訳、２００６、早川書房〕を書いた英国の歴史家で考古学者のスティーヴン・ミズンの話を聞いていた時に、再びそのことを思い出した。ミズンによると、現在われわれが言語そして音楽と言っているものは、実は同じところから生まれてきており、それは一種の音楽的原始言語というようなもので、彼はそれを「音楽言語（musilanguage）」と呼んでいる。ミズンによると、ネアンデルタール人は、霊長類の呼び声を、言葉のない言語に発展させ、それらははっきりとした概念を表すものではないけれども、特にジェスチャーと一緒になると、感情をある程度の微妙さも含めて伝えることができるものだったろうと。ミズンの仮説によれば、この「音楽言語」にはリズムと音の高低とメロディーがあり、それらが一緒になることで、音楽のような「イントネーション〔抑揚〕」を生み出すことになっただろうという。チェロによる「セリョージャ」を、その名前無しで、チェロの音だけがC♯－D♯－C♯と上がって下がるのを思い出してみてほしい。

ミズンはこの「音楽言語」を体系化しようとはしていないが、彼以前に他の人たちがそのようなことを試みている。原始的な副言語的な「音楽言語」があったという仮定の下に。「音楽言語」は、英国の音楽学者デリック・クックが著した、論争の的となった本のタイトルでもある。それ以前にソ連では、音楽評論家ボリス・アサフィエフが「イントネーション」の理論を提案しており、その歴史的基盤はミズンの仮説にある程度似ている。より踏み込んだ見解は、神経科学者であり音楽家でもあったマンフレッド・クラインズ〔オーストリア〕が提供していて、彼はそれぞれの作曲家に特有の「感情的な署名」を見つけ出そうと試みている。これらの著者たちは、程度の差こそあれ、いい線を突いていると思うが、何らかの「意味」を生み出そうとする一編の音楽が作曲されて、演奏され、聴衆の反応を得る過程において、それらに関与しているすべての要素が、互いにどのように働き合うのかを理解するのは、ちょうど一滴の水が蛇口から落ちる際に、どのような形になるのかを予測しようとするのに似ているかもしれない。物理学者である甥によると、一滴の水がしたたり落ちる際にかかる力はあまりにも多様なため、それらの組み合わせは非常に複雑なものとなって、最新の計測手段をもってしても予測することは不可能だということだ。

自死願望からいかにして救われたか

小説家ウィリアム・スタイロン〔米国〕の自伝的な作品『見える暗闇』〔1990、日本語版は大浦暁生訳、1992、新潮社〕は、深刻なうつ病に沈んでいく姿をありありと描いている。スタイロンによる説明のクライマックスは、自死が唯一の出口であるばかりでなく一刻も早くそうしなければならないと思うようになったところだ。

「ひどく寒い夜遅く、暖房が不具合だったため寒さをしのごうと着込んで居間に座っていた時、次の日を乗り越えることは不可能だと悟った。妻はすでに寝室で寝ていて、私は映画のビデオを見るともなしに見ていた。そこには、私の劇にも出演したことのある若い女優が端役で出ていた。映画の途中、19世紀後半のボストンが舞台で、登場人物たちは音楽学院のホールを歩いていて、その壁越しにいる音楽家たちの間から、コントラルト〔女性の最低音域〕の声で高らかに歌うブラームスのアルト・ラプソディの一節が聴こえてきた。

すべての音楽に対して、そしてすべての楽しみに対して、私は何か月もの間まったく反応することはなかったのだが、この音楽は私の心臓を短刀のように突き刺し、この家が知っているすべての楽しい思い出が急流となって噴き出してきた。部屋から部屋へ駆けまわる子供たち、祝日の行事、愛と仕事、よく働いた後のうたた寝、様々な声や軽快な騒音、毎年やってくる猫や犬や鳥たち、まさしく『笑い声と才能とため息と、上着と巻き毛と』*[2]が。これらすべては、私が到底捨てきれるものではなかったし、私が意図的に実行に移そうとしていたことは、これらの記憶をないがしろにし、それらの記憶に結びついている人たちをないがしろにすることだということに気がついた。そして〔自殺によって〕私自身を冒瀆することはできないことを強く認識したのだった。私が陥った道徳的窮地をこれ以上広げないために、正気の最後の光を手繰り寄せる。妻を起こして電話をしてもらい、翌日私は病院に入院した」

果たしてショスタコーヴィチが、弦楽四重奏曲第8番を作曲し演奏し聴くことで、音楽的に愛する者たちを思い出して、「正気の最後の光」を手繰り寄せたかどうかはわからない。記録によると、彼にとっての癒し（もしそう言っていいものなら）は、もっとゆっくりとした過程を経たようだった。また私の場合も、あの心に響くチェロによるソロがもたらした驚きが、自分の生きるターニングポイントになったと言うことはできない。しかし、あれが道を開いてくれたことは確かで、あの瞬間がなかったら、ここまで生きてくることはできなか

＊2　エミリー・ディキンソンの詩『この静かな塵は紳士であり淑女だった（*"This quiet Dust was Gentlemen and Ladies"*）』からの引用。人生の冬である墓場にいて、塵と化した人間や生き物たちに思いをはせ、人生の夏には笑い声と仕事の才能とため息に満ちていて、上着を着て巻き毛を揺らしていた様子を、想像している一節。

っただろう。『マクベス夫人』の引用の解釈は多種多様だ。しかし、チェロによる「セリョージャ」のソロが、私にとって何を意味しているかは明確だ。それは「愛」だ。

私はある時点で、NHS〔英国の国民保険サービス〕の精神科が真剣に心配するくらい、確かに自死を考えていた。2001年の春頃のことで、はっきり記憶しているのはそれが木曜日だったということだけだ。事の次第についての私の記憶は曖昧で、やっかいな精神疾患の症状の時に、しばしばこのように曖昧になる。どうやってそれを実行するかを決め、なぜそうしたのか理由を説明する手紙を書く相手も選んでおいたことは覚えている。その時は、すべてが理にかなっているように見えた。私を削除することは、私自身の痛みを終わらせるばかりか、最も親しい人たちのそれをも終わりにすることができる筈だ。うつがしばしば引き起こす未熟な心の妄想の中で、私は、ケイトの私に対する当然のイライラを、もう彼女が限界に達している証拠だと勘違いした。うつ病の人たちと一緒に暮らすと、大きなフラストレーションがたまることもある。不安で偏執的な同じ回路をグルグルとめどなく回ってしまう傾向があって、心配して見ている人には、それが、本人は実のところ助けを欲していないのだという風に映るし、とんでもなく苛立たしい時もあるのだ。私の場合、イライラは、往々にして愛情の不在というよりむしろ愛情がある印なのだということが、まだわかっていなかった。ケイトは母とはとても違うということが理解できていなかった。母がイライラすると、それはしばしば、もっとひどいことがその後に続いて起こる前兆だったのだ。ちょうどこの頃、ひどい消耗性疾患で長く患っていた父親を亡くした友人が訪ねてきていた。「こう言っては悪いと思うけれど」と友人は打ち明けてくれた、「解放されたというのが正直なところ」だと。私の心の中では、1年半から2年くらいして、ケイトが同じことを彼女の友人に言っている姿が想像できた。もちろん彼女は、ショックを受け、悲しみ、怒り、おそらく混乱するだろうが、最終的には……私は彼女を自由にすることになるだろう。これは愛に根差した行動でもあるはずだ、と。

自分の行為について説明することができ、しかもそれを理解してもらえてその行為を許してもらえるはずだと考えたこと自体、その時の私の心の不自然さを表しているのだろう。よく覚えているのは、一旦そう決心してしまうと、不思議な安心感に満たされたことだ。そうすることで幸せになれると考えたこと自体ばかげていてお笑い草だ。希望というものが、中毒のようにわれわれを捕囚にすることを、今なら理解できる。ただしこの場合の中毒は、ちょうどあの不振に終わった1980年代の麻薬追放キャンペーン・スローガンと同じく、ただ「ノーと言う」ことで追放できる程度のものなのだが。私は有害だった。本当に死に値した。しかし、その判決を実行することで、償いを見出し、この容赦ない無慈悲な苦しみと妄想の循環から抜け出す自由を見つけることもできるのだと考えた。仏教でいうニルヴァーナ〔涅槃(ねはん)〕とは、サンスクリット語でろうそくや灯油ランプを「吹き消す」という意味だが、本来このような「解放」を意味していたのではないのだろうかとも考えた。

その日、セラピストと予約をしていたが、行かないことにした。一体何の意味があるだろう。車が動かなかったので、(仕事で出張の帰りで)17マイル離れた家に帰るために、駅からタクシーに乗らなければならなかった。自分でも驚いたことには、私はタクシーの運転手にセラピストの住所を伝えていた。着いてから彼女に何を話したのかほとんど記憶にないが、約50分近くずっと泣き続けていたことは覚えている。セッションの終わりには、何がしかの取り決めと理解に達したと思うが、その辺もはっきりしない。しかし次に何が起こったのかは、はっきりと記憶に刻まれている。タクシーで家に戻ったが、私の計画が変更になったかどうかについては、曖昧だった。泣いたことで少し気分が軽くなったのは確かだが、それであの美しい「解放」の見通しを諦めるほど良くなったのだろうか? タクシーが家に近づくと、驚いたことにケイトが表の庭の入り口で、タバコをスパスパ吸いながら行ったり来たりしているのが見えた。われわれ二人のコミュニケーションはその頃あまりうまくいっていなかったから、彼女が私の感情的な状態について知っているなどとは思いもよらなかった。私がタクシーを降りるなりケイトは、強い心配の目で私を見つめた。真っすぐこちらに向かって歩いて来ると、「一体何が起こったの?」と。

彼女は知っていたのだ。私は見られていたのだ。それは雷に打たれたような感じだった。

ショスタコーヴィチは、弦楽四重奏曲第8番を作曲し演奏することで、自死を思いとどまったのだろうか？　あるいはまた、上着のポケットに手を入れて、薬が無くなっていることに気づいた時だったのだろうか？　それは、彼の友人がその意図に気づいて彼の命を救うためにしたことだったが。精神的な隔離状態にある時に、音楽は様々な影響をわれわれに及ぼす。慰めたり、苦しい感情をしまいこむ手伝いをしたり、われわれが見当違いして自縄自縛している自己の姿よりも、より真実に近いより良い自己像を映し出して見せてくれたりもする。しかしそれでも、音楽が広い意味でわれわれを「見つめる」ことはできない。音楽は、見られた時のための準備をしてくれ、必要なら何年にもわたって荒れ狂う海を漂う命の筏（いかだ）となってもくれる。しかし実際の救助には、生の人間が必要なのだ。われわれを見つめて、わかってくれ、まだ救済するに十分な価値のある人間だと伝えてくれる人が。音楽は私にそこまでしてはくれなかったが、それに近いところまでは連れて行ってくれた。

音楽はうつの孤独の伴走者

２００1年のあの時を16年経ってから思い出すと、私を他の誰よりも強くゆるぎなく愛してくれていたケイトを、どれほど苦しませることになっただろうかと考えるだけで、本当にゾッとする。どうして私はあんなことを考えついたのだろうか。これは、自死した人たちの親類が口にする質問だ。自分たちを責める者もあれば、当然ながら、こんなことをしてわれわれを苦しめるなんて何て「自己中心的」な奴なんだと、非難する者もいる。自死はいつも自己中心的なのだろうか？　私の友人の弟の場合は、統合失調症のために脳の中でいつも声が聞こえてきておかしくなり、立体駐車場の屋根から身を投じたのだったが、彼の場合はもちろん自己中心的などではなかった。しかし私の場合は、もう少し複雑だったかもしれない。ブラームスのアルト・ラプソディを聴くことが、ウィリアム・スタイロンを「道徳的窮地」から救い出したというくだりは、私を感動させた。アルト・ラプソディは深く心を揺さぶられる作品だというばかりでなく、ブラームスの他の多くの有名な作品よりも、彼の傷つきやすい過敏な面をより際立って反映しているように見える。歌詞はゲーテの詩「ハルツ山の冬旅〔*Harzreise im Winter*〕」からきている。ロマンティックな「呪われた部外者」を主人公とする典型的な短編小説で、並外れた明瞭さと哀愁に満ちている。主人公は、他の人たちから遠く引きこもって、山岳荒野を自分の住家としていた。

Erst verachtet, nun ein Verächter,
Zehrt er heimlich auf
Seinen eigenen Wert
In ungenügender Selbstsucht.

「はじめは笑われて、今は笑ってやる、
ひそかに自尊心を餌として食らい
満足することのないエゴイズムを養う」

ここで、ティーンエージャーだった頃の私のイメージが急に浮かんできた。それは、自ら招いた孤独の中で、ウエスト・ペナイン・ムーア地帯〔ペナイン山脈の中の、ランカシャーとグレーター・マンチェスター地域に跨る湿原〕を歩き、自転車をこぎ、心の中で「われわれ」と呼べるような仲間を熱望しつつ、助けてくれる人たちもいたに違いないのに、実際には周囲にいる人々を遠ざけていた。心理学者ドロシー・ロウ〔オーストラリア〕の『恐怖を越えて〔*Beyond Fear*〕』〈未邦訳〉を読んでいる時に、うつ病の患者はある意味でうつを「選択」しているのだという記述を読んで、怒りが込み上げてきたのを覚えている。一体誰が好き好んで、言葉にならないほどひどいあの状態を選んだりするものか？　と。でも今なら、うつとは、耐えられない状況に対応するために、無意識のうちに選んでしまうこともある、一種の対処法だということが理解できる。詩人グウィネス・ルイス〔英国〕は、そのうつ病についての洞察力に富んだ素敵な本『雨の中の日光浴〔*Sunbathing in the Rain: A Cheerful Book on Depression*, 2002〕』〈未邦訳〉の中で、この疾患は、3分の1が遺伝的で、3分の1が心的外傷由来で、

3分の1が「悪い習慣」からきていると指摘している。この特殊な「悪い習慣」の内容については、アイスランドの歌手ビョークの歌『プレイ・デッド〔死んだふり〕』の中で、最高にうまく説明されていると思う。

「それはまるで眠りのようなもの
自分の苦痛の中にうずくまって
痛みにくるまって
苦しみを抱いて
すべての疼きをいとおしくなでる
死んだふりをしたら
もう苦しくなんかない」

自己打擲というゲームの中で、音楽は私の伴走者であり時には共謀者であった。と同時に、ポール・ロバートソンが言うところの、「統制の所在〔locus of control〕」を私に与えてもくれた。つまり、私は〔音楽に〕コントロールされるのではなく、私がコントロールの主導権を握れるかもしれないという感覚だ。〔弦楽四重奏曲第8番の中で〕チェロが奏でる、まるで声楽のような「セリョージャ」のように、ショスタコーヴィチの音楽は、もっとずっとましなことがあるんだよと、希望を掲げてくれる。ショスタコーヴィチ自身も、危機的な状況下にある時には、引きこもって「痛みにくるまって」しまったかもしれないが、それでも最後には、「私」の地獄から「われわれ」の希望へと自分を引き戻していく道筋というものを、交響曲第4番の最終ページ〔第3楽章ラルゴ・アレグロ〕と、交響曲第5番のゆっくりとした楽章〔第3楽章ラルゴ〕の中で、私に示してくれたのだった。この救いの感覚は、ケイトの愛情のまなざしが私の個人的な痛みのど真ん中を見抜いた時に、そして5年後にヴィクター・コズロフが私の腕を摑んで涙した時にも感じた。

ショスタコーヴィチの天才と、物語の重要性

2015年の7月、カルドゥーチ弦楽四重奏団が、チェルトナム音楽フェスティバル〔1945年に始まった毎年7月恒例の現代音楽祭〕で、ショスタコーヴィチの弦楽四重奏曲をすべて演奏するプログラムの最後に差し掛かっていた。彼らの演奏を紹介するのが私の仕事で、四つのコンサートで15の弦楽四重奏曲が、サイド邸宅〔英国コッツウォルズ地方にある領主の館〕の納屋を美しく改装した会場で演奏された。ショスタコーヴィチは、12の長調と12の短調それぞれに1曲ずつ、全部で24の弦楽四重奏曲を作曲する予定だったそうだが、弦楽四重

奏曲第15番の後に来る曲を想像するのは難しい。結局これが、作曲家の最後の曲の一つとなり、実際そのような響きを持っている。弦楽四重奏曲第15番の全体の構想には、一種の極限状態の名人芸のような感がある。ずっと続くゆっくりとした六つの楽章は、それぞれ陰うつな$E^{\flat}$短調になっている。聴衆の忍耐力と持久力に対して、このような壮大なリスクをとる作曲家が他にどれほどいるだろう？　たった一つの前例は、だいぶ形は異なるが、もともと弦楽四重奏曲として作曲されたハイドンによる『十字架上のキリストの最後の七つの言葉』だ。

ショスタコーヴィチは、この弦楽四重奏曲を、彼自身の「最後の六つの言葉」だと考えていたのだろうか？　彼が「信仰」についてポスペロフ同志に語ったことは別として、ショスタコーヴィチは神を信じていなかったというのが、大方の合意するところだ。しかし、コメントや、もっと大事なのは音楽の中に、彼が宗教的儀式を重んじていたことがうかがえるのだ。それは人々を引き寄せるためのうわべだけの魔法のようなものではない。弦楽四重奏曲第15番の第1楽章『エレジー〔挽歌〕』は、静かな多声部から成る瞑想曲で、シンプルな反復する音によるテーマが、ロシアの悲しげな民謡と古代の僧侶たちによる聖歌との中間のような雰囲気を醸し出す。これはサイド邸宅の納屋が漂わせる礼拝堂に似た雰囲気が、この曲に不思議な宗教儀式的な特質を加えたからだろうか？　部分的にはそうかもしれないが、ボロディン弦楽四重奏団は、この弦楽四重奏曲第15番を、いつもろうそくの光の中で演奏していた。ロンドンのクイーン・エリザベス・ホールという冷たい近代的な会場でも、それは不思議としっくりくる設定だった。音楽がその暗い礼拝の儀式を奏でる時に、その消滅寸前で、誰もが瞑想的な静寂を互いに感じることができる。演奏の間会場に占める静寂は、触れることができると感じるほど明瞭なものだ。そして演奏が終わっても、誰一人としてその魔法を解きたくないので、拍手が始まるまでかなりしばらくの間、その静寂が続く。「悲しみの静寂」というようなものがありうるのだろうか？　まるでこの音楽が、人生の究極のミステリーにわれわれを誘（いざな）うかのようだ。そしてそれは間違いなく「われわれ」という感覚をもたらす。この弦楽四重奏曲の終盤では、ショスタコーヴィチの音楽に40年もの間影を落としてきた、ムソルグスキーの『ボリス・ゴドゥノフ』の中で提示されていたモチーフが、かすかではあるけれども間違いないエコーとなって現れる。それはロシア国家と長い間苦しんできたその民衆を紹介するものだ。まるで、彼の音楽が静かに無に向かって消え入る時にも、ショスタコーヴィチはまだ「われわれ」ということを言いたいかのように。

純粋にインストルメンタルな音楽が、一体何を「言いたい」のかについて言葉で表現する場合には、もちろん注意が必要だ。それでも、ショスタコーヴィチの音楽を愛する人たちに、私のこの解釈を提示すると、たいていの場合賛成してもらえる。まともに反対されたことはまだ一度もない。音楽による発言は、とても個人的なものではあっても自己中心的であることはまずないし、自分の世界だけに浸ってしまうということもない。これは、ショスタコーヴィチが発言したこと、あるいは言ったとされていることの意味を解釈しようとする場合とは、だいぶ異なっている。ソ連の新聞にはショスタコーヴィチの名前を冠した記事が時折出ているのだが、「音楽家は誰も、これらの誇張された空虚な公的発言を、本物だとは受け取っていない」とソロモン・ヴォルコフは『証言』の前書きで述べている。「もっと作曲家に近い人たちなら、一体作曲家組合のどの『文芸アドバイザー』が、どの記事をまとめたのかさえ推察することができる」と。おそらくそれは、ほとんどの場合正しいだろう。しかし、最近ショスタコーヴィチの「引用」リストを読んでいたら、1964年に初出されたものについては、彼の名前で出された他の体制迎合の記述と比べて、はるかに作曲家の本心に近いように思われた。

「音楽は、暗いドラマと純粋な歓喜、苦悩と恍惚、燃える怒りと冷たい怒り、哀愁とはじける陽気、そして、最も微妙なニュアンスと、言葉や絵画や彫刻では表現できない感情の相互作用をあらわすことができる」

ショスタコーヴィチは（それが本当にショスタコーヴィチならだが）、「最も微妙なニュアンスと、感情の相互作用」を目指している。尊敬していたベートーベンと同じく、ショスタコーヴィチは、複雑で多層に織りなされた音楽物語の達人だ。さらにベートーベンと同じく、彼は音楽で物語るスタイルとして、二つの形式を何より好んだ。交響曲と、より親密で繊細なその姉妹形式である弦楽四重奏曲だ。私がこの本でやろうとしている、ショスタコーヴィチの音楽物語の要約は、音楽そのものが体現している鮮やかな「感情の相互作用」にはとても及ばないが、それでも、それを試みるのは重要だと考えている。なぜならショスタコーヴィチは、音楽で物語を紡ぐというその天才的な才能を通して、「苦悩と恍惚、燃え盛る怒りと冷たい怒り、哀愁とはじける陽気」の激流の只中にあって苦しんでいる人たちに、最もうまく手を差し伸べることができると確信しているからだ。どのようにしてそれが起こるのかについては、幸いにしてショスタコーヴィチの時代よりも今の方が、より理解が進んでいる。現代の心理学、心理療法、そして神経科学が大方一致しているのは、物語るということ、つまり感情の「相互作用」を論理的な形で並べてみること、が重要だという点だ。

「感情の相互作用」を生む脳の構造

これを理解するために、おおまかに人間の脳がどのように進化してきたかを見てみよう。人間の脳は、その構造そのものが進化の地図を表している。脳を前から後ろにかけて縦長に半分にした断面を見てみると、われわれがどのように精神的により複雑な存在に進化してきたかを見て取ることができるだろう。

友人の一人が経験したことだが、数年前彼は、ロンドンのイーストエンドにある自宅の土台を補強しなければならなかった。掘削機が掘り進めると、土壌は、不定形の混沌状態ではなく、いろいろな色をした土が、部分的に混ざったりしつつも、とてもはっきりとした帯状に層をなしていたのだ。数フィート〔1メートル位〕下には、ごく薄いけれども人目を引く黒い線が現れた。「あれは何?」と、ジョナサンが調査に来ていた地域当局者に尋ねると、「ロンドン大火〔1666年にロンドンで起こった火事で市内の約85%を焼失〕の跡です」との答え。大火が市を焼き尽くし、灰をあたり一面まき散らした、あの約3世紀前のロンドンのトラウマが、黒いくっきりとした筋となって近代ロンドンの表層下に記録されていたのだ。その近くにも別のラインがあり、もう一つのラインは表層近くまで来ている。数インチ〔7・5センチ位〕下にあったあのうっすらとした灰色のラインは、ひょっとしてザ・ブリッツ〔第二次世界大戦中のナチス・ドイツによるロンドン大空襲〕の地質的「記憶」なのだろうか?そうかもしれないし、そうでないかもしれない。しかし、何が起こったにせよ、それはもっと最近になって起こった、市のあるいは家の出来事の記録であることには違いない。

脳に関しても、われわれが一体何を見ているのかについて解説してくれる専門家が必要だ。しかし、ちょうど友人が新たに掘削した溝のように、脊髄の頂点から頭蓋骨の下にある複雑な組織までを、頭頂に向かって見上げるということは、時間を現代に向かってたどることに近いのだということがすぐにわかる。基盤のところ、すなわち脊髄から出ている神経の束が脳そのものに入る部分には、従来「爬虫類の脳」と呼ばれてきた最も旧い脳の部分〔脳幹〕が存在する。その主な機能は、呼吸や体温調節といった動物の生存を保証するためのもので、幸いに意識しないでも維持されるようになっている。その上には辺縁系がある。これは哺乳類の領域で、この神経細胞ネットワークによる複雑なシステムは、感情、特に恐怖や飢えといった生存に必要な感情を制御しており、ある種の記憶にも関与している。さらに大脳皮質という上位の領域に入ると、神経科学的な反応がもたらす思考の世界に分け入ることになり、人間や高い認識力を備えた他の哺乳類を、爬虫類とは大きく異なった存在にしている。この領域が、論理や、想像や、計画といった活動のほとんどを担っている。大脳皮質は、脳の中では最も新しくできた、最も高度な部分で、意識を伴う処理を行う。自分たちを論理的だと考えるような人間にとって、大脳皮質はしばしば最も誇らしい意識上の処理を行っていることになる。それでもそれは、素晴らしく複雑で相互につながり合った、考えるあるいは感じる「私」という存在の、ほんの一部にしかすぎないのだ。近代心理学が生まれる1500年前に、聖アウグスティヌス〔ローマ帝国の神学者〕は、「私という実態のすべてを知ることはできない」と語っている。「心はそれ全体を収納するにはあまりにも狭いから」〔聖アウグスティヌス『告白』より〕と。

相互連結性ということで言えば、論理的な人類脳（大脳皮質）と、感情的な哺乳類脳〔辺縁系）と、爬虫類脳（脳幹）との間の相互のコミュニケーションは、一体どれほど効率よく行われているのだろうか？　例えば心的外傷（トラウマ）の処理という問題について言えば、答えは、あまり効率が良くないということになる。何か重大な危険がある場合、生存に焦点を合わせた旧脳の部分が前面に出てきて、論理的な大脳皮質を押しのけて、活躍する。辺縁系の奥にある扁桃体（アミグダラ）が、表舞台に出てくるのだ。動物が危機に瀕していることを、感覚器官からの情報で扁桃体が察知すると、それは脳の警報（アラーム）システムを作動させて、まさに「闘争・逃走反応」と呼ばれる〔自律神経系の〕反応を引き起こす。すぐさま心拍数と呼吸数と血中酸素レベルが上がり、体の筋肉、特に腕や脚、手や足といった重要部位への血流が増える。いわゆる「覚醒」と呼ばれる状態になるわけだ。

非常に危険な状態にある場合、これらはとても役に立つ。危険に直面した時に、一体何が起こっているのかを意識するより前に、手と足が「適切に動いた」経験をしたことがあるのではないだろうか？　後になって初めて落ち着いて、「一体何が起こったんだ？」という質問を素早く投げかけることになる。論理的で思慮深い脳が、思い出せる感覚印象〔外からの刺激を受けて内面に生じた、まだ整理できていない感覚状態〕の絡まった束を解きほぐして物語を構築するプロセスが、その後の心の安定にとってはとても大事だ。言い換えれば、「これこれこういうことが私に起こったんだ」と言うことができれば、いつも通りこの世で生き続けられるのだ。これによって感覚印象は出来事として合理的に説明され、意味のある配列の中に収められ、「自伝的記憶」のようなものとして蓄えられる。このような長期的な記憶を作って蓄積することに大きく関与しているのが、辺縁系にある海馬と呼ばれる部位だ。

ここまでのところはかなり効率的に見えるし、危険が極度に強いものでなければ、あるいは長期にわたっていなければ、このシステムは実際に有効だ。ところがトラウマ的な経験の場合、「闘争・逃走反応」が理性を凌駕し続けて、海馬が順を追った記憶を作ることを妨げてしまう。トラウマの被害者がその出来事を思い出そうとすると、ひどく困惑するような混沌としたものとしてそれが出てきて、脳がつじつまを合わせて物語を紡ぐことをひどく妨げてしまうのだ。別の可能性は、しばしば虐待の事例に見られることだが、トラウマ的な状況がずっと続いたり、長期にわたって繰り返されたりすると、扁桃体の警報システムがうまく作動しなくなって、被害者が体験を論理的に説明することを妨げてしまう。いずれの場合も、「一体何が起こったんだ?」という恐ろしい質問に、満足のいく答えが出されないまま放置されることになる。トラウマの被害者に対する心理療法(セラピー)のプロセスは(長期的なものになることもあるが)、彼や彼女が、「それは確かに私に起こったことだ」と言うことができると感じるまで続く。その出来事は何年も前に起こったことかもしれないが、不安さが覚醒された状態、いわゆる「過覚醒」の状態が完全には消えていないのだ。トラウマはまだ心の中で混乱を招くような面倒な力として残り、被害者の記憶や感情的側面や人間関係を混乱させてしまうことにもなる。もし心理療法を通じて、被害者が安全だと感じて感情を自制できるようになれば、時間の経過とともに、トラウマとなっている砕けた記憶のモザイク片をつなぎ合わせて、まとまりのある絵にすることができるようになるだろう。そうすれば、これらの記憶に紐づいている痛みは、完全に消えないまでも、それらに脅されて動揺することはなくなる。ここで初めて扁桃体が警報（アラーム）システムのスイッチを切ることができるのだ。

心理療法と音楽療法

いかに複雑な生物学的反応が関与していたとしても、この問題には、生物学以上のことがさらに大きく関係している。もし、精神的な苦痛について本当に知りたければ、つまりそれから解放されるか、もしくはそれとうまく共存していくかするためには、古い方法に着目しなければならない。私自身は、自分の暗く破壊的な内面の力との新たな付き合い方を見つけたと思うし、現在の心理状態は、記憶にある過去のいずれの時よりも良いと感じている。動揺するような出来事への対処の仕方が変わったことを、親しい友人たち（そして何よりケイト）が証言してくれるだろう。私の感情面は、おそらくいつも張り詰めていて変化しやすいものであり続けるだろう。今でも時々、驚くほどひどく荒れた大海の中で、小舟を舵取りしながら進もうとしているように感じることがある。それでも時間が経つにつれて、私の内なる操縦士は、経験を積んで技能を向上させてきた。彼は、雲行きを見て嵐が近づくのを読み取り、どのようにそれを回避するか、できなければ心の内なる探知機を頼りに、どのように直進したらいいかを見て取る。すでに何度も嵐の中を進む経験をしているので、小舟は必ずしも転覆しないことを知っている。航海日誌を繰ってみれば、繰り返し記録されたサバイバルの物語を読むことができるのだ。

何年にもわたって心理療法（セラピー）を受けに行くことで、そのような航海日誌を自らつけることができるようになった。心理療法を受けることがポジティブな経験となる人たちにとって、これはよくある結果だ（誰にとってもうまくいくとは限らないことは、優れた専門家たちの認めるところ）。ケイトの施術経験では、時折、自分がどのようにして現在の状態になったかという物語を、あらかじめ持って受診に来る人たちもいるという。問題は、こういった物語の中に何かしら不協和音が存在していて、それが彼らに苦痛をもたらし、感情的に不安定にさせ、他の人たちとの人間関係を損なってしまうことだ。従って、この物語の織布を徐々に慎重にほぐしていって、その中に織り込まれていた間違った糸を見つけてやることが必要になる。ひょっとするとそれは、「これは私のせいなんだ。こういうことが起こって当然だったんだ」という、いたってシンプルな思い込みであったりする。機能不全の家庭で育った子供たちは、自分を責めることに慣れていて、大人になっても、何かうまくいかないことがあると自分を責める傾向にある。そういう思い込みにこだわる理由の一つに、そうすることで何か不思議と安心するところがあるからだ。自分に責任があるのなら、これらすべてには理由があり、おそらく答えもあることになるだろう。そしてその方が、いかにもひどいことがいつ誰にでも起こりうるような無意味な世界にいる、と考えるよりはマシだから。習慣になってしまっている、物事に対するそして自分自身に対するこの見方を止めるのは、困難を極める。仏陀は正しかった。われわれは苦痛にしつこく拘泥してしまうようだ。知っている悪魔の方が知らないそれよりマシということか。それでもそれを手放すことは、解放された手でより良い織物を織ることになり、この世でより自由により安全に行動していくための物語を自分に語ることになるのだ。

心理療法を見つけるずっと以前から、私には音楽があった。優れた心理療法士(セラピスト)の解説を読むと、彼らの治療プロセスが、私が音楽から得た精神的な蘇生の経験と似ていることに驚く。『セラピー・トゥデイ』〔英国カウンセリング及び心理療法協会〔BACP〕の専門誌〕の記事の中で、スージー・オーバック[*3]は、セラピストとしての関係と役割について、深く音楽的な言葉を使って考察している。

「どのようにして人の役に立つことができるだろう? 何を求められているのだろう? 誰の代理人になろうとしているのだろうか? どうやったら患者の周りを整理して、別の見方が可能だということに気づいてもらえるのだろう? もはや有効でない古くなった同じ歌を繰り返すのではなく、一体どうやったら彼らの気持ちを解析して、その感情のレパートリーを広げることができるのだろうか？」

〔音楽療法の〕一つの方法は、患者に自分の気持ちを反映した歌を持参してもらい、セラピストとともにそれに向き合う、あるいは一緒にそれを聴いてもらうことだ。自分の気持ちが直に具体的な形を与えられるのを聴くことで、それらに一種の客観性がもたらされることになるかもしれない。もう一つの方法は、例えば交響曲のような、より複雑で心理的にもっと柔軟に物語るような形式の音楽に取り組んでみることだ。その中で、感情の変化や解決の形が示されているような音楽に。これら二つをこのように対比させるのは、何らかの価値判断を促すためではないし、クラシック音楽の優位性を論ずるためでもない。クラシック音楽でもその多くは2番目のカテゴリーに当てはまらないし、ポップ音楽と呼ばれるものでも当てはまる場合があるからだ。例えばデビッド・ボウイのアルバム『ロウ』の最後の四つのトラックを見てみよう（オリジナルではB面だった）。これらの歌は、感情の微妙な変遷を見事

＊3　英国の精神分析医・セラピスト。拒食症に苦しむダイアナ妃のセラピストだった。著書に *Fat Is A Feminist Issue, On Eating, The Impossibility of Sex* など。

に描いている。また、シューベルトの『ドッペルゲンガー』[*4]は最高の例だが、ニック・ドレイクによる『リバー・マン』も、クラシック音楽の中では見たことがないほど見事な簡潔さで、自死の可能性が持つ涅槃のような状態を表現している。他にもたくさんの例がある。スージー・オーバックのリストの中では、「どうやったら患者の周りを整理して、別の見方が可能だということに気づいてもらえるのだろう?」という質問が、一番この音楽療法に近い。

この質問に対して、二つのことが思い浮かぶ。一つ目は、作曲家ジャン・シベリウス〔フィンランド〕が、苦しい個人的な危機に瀕しながらも、彼の物悲しい内省的な交響曲第4番を何とか作曲し終えようと葛藤していた時のことだ。「自分で何とかしなければならない」と日記に記されている。「これらの暗い影を取り除くことができさえすれば、あるいは少なくとも新たな視点を投入できたなら……」と。もう一つは、同じような絶望的な状況にある中で、ショスタコーヴィチが交響曲第8番の楽譜を読み通した後で、「このような作品を生み出したことを誇らしく嬉しく」思ったことだ。ショスタコーヴィチは、社会学者ハリエット・マーティノー[*5]が「発話の必要性〔表現する欲求〕」と説明するようなクリエイティブな才能を持っていた。作曲する机から長いこと離れていると苦痛に感じ、すぐに気分が悪くなって病んでしまうとイサーク・グリークマンに話している。しかしひとたび五線紙と鉛筆を手にするや〔彼はピアノを必要としなかった〕、次第にシベリウスの言う「新たな視点」に近いものが創発されてくるのだった〔音楽が新たな視点を提供してくれた〕。1936年のプラウダ紙による糾弾に続いた暗黒の時期、交響曲第5番を作曲することがショスタコーヴィチの正気を保ったことは間違いない。ショスタコーヴィチが「正当なる批判に対する返答〔第5番〕」を書くことに専念し邁進しているのに対して、当時スターリンは感心していたと

＊4　シューベルトの遺作を集めた歌曲集『白鳥の歌』は、3人の詩人による作品を歌曲にしたもので、『ドッペルゲンガー』はハイネの詩による六つの歌曲の最後の作品（シューベルトの没年1828年の作品）。ハイネの詩の中では、ドッペルゲンガーは死者の影法師として描かれている。

＊5　英国。ヴィクトリア時代の先駆的社会学者でありフェミニストの草分け。米国やヨーロッパ、エジプトなど各地を旅行し、奴隷制批判や女性の職業的自立をはじめとする、政治・経済・社会的問題について多くの著作がある。マルサスの人口論やダーウィンの進化論を支持し、アダム・スミスの経済論は彼女の紹介本によって人口に膾炙（かいしゃ）するようになった。若くして味覚・嗅覚を喪失し、生涯を通して難聴であったため、ラッパ形補聴器を使っていた。父親の繊維ビジネス倒産により、経済的自立のために文筆業に携わるようになったことを、「人生最大の幸運」だったとしている。卵巣嚢腫による痛みのために、5年余り英国北西部の沿岸にあるタインマウスの町で療養生活を送っている間も、精力的な執筆活動を続けており、自分には「発話の必要性〔表現する欲求〕」があるからだと説明している。

も言われている。もっとも、おそらく他にやりようがなかったわけだが。いや、もう一つ別の選択肢はあったが、幸いなことに、彼はそれを選ばなかっただけだ。

「それはあなたのせいじゃない」

作曲が、ショスタコーヴィチの精神的な安定にどれほど寄与したかについては、想像するよりほかないのだが、彼の音楽が私にどのような影響を与えたかについては、よく知っている。まず第一に彼の音楽は、当時の私の精神状態をとても正確に反映しているように思えた。スージー・オーバックは、患者たちがプライベートな苦悶を明かすにつれて、彼ら自身が、「内面にあることはわかっているけれども言葉では言い表せない」ような事柄に、次第に向き合うようになると言う。私も自分の経験を言葉で説明できるようになるずっと前から、それらが音楽の中に精神的にも実際にも反映されていることを聴き取り、整然とした規則的な音に向き合うことで、自分の感情の問題も解決できるかもしれないという希望を見出すことができた。私が経験した、怖いほど幅広く混沌として脅迫的な感情や思考は、シェークスピアが言うところの「場所と名前」[*6]に匹敵するもの、あるいは共鳴板を与えられたのだ。

私自身の長期にわたる孤立の只中で、ショスタコーヴィチは、私が独りぼっちではないことを保証してくれた。他の誰かが、私がどのように感じていたかを知っていた、あるいは不思議にも私のことを「聞いて」くれていたように感じられたのだ。オーバックによると、「聞いてもらうこと」そして「さえぎられたり慰められたりしない自然のままの空間で自分の言葉を聞くことは、とりも直さずそれらが反響することを可能にする」のだという。私にとっても、セラピーの限られた環境の中で、自分の言葉を見つけるのは重要だったが、思考

＊6　『真夏の夜の夢』第5幕第1場、想像力のパワーについてテーセウスが言う。
「狂人、恋人、それに詩人は、
みな想像力の塊だ。
広い地獄に入りきれないほどの悪魔を見る、
それが狂人だ。恋人も同じように狂っていて、
並の女の額にトロイのヘレネーの美しさを見る。
詩人の目は、上質の狂気のうちにめぐらされ、
天から大地を見渡し、大地から天を仰ぐ。
そして想像力がいまだ知られざるものを
思い描くように、詩人のペンは
それらに確かな形を与え、ありもしない虚空に
場所と名前を与えるのだ」

と感情を反映する音を見つけて、それらが偉大な作曲家によって素晴らしく美しいものに変化していくのを聴くことは、さらにより深い思考や感情の反響を私にもたらした。「言葉はピンと張りつめて／ひび割れて壊れたりもする、重荷をかけられると」とT・S・エリオットは書いた（『四つの四重奏』の第1の詩「バーント・ノートン」から）。確かに言葉はそうだろう、しかし（私の経験では）音楽はそうではない。

感情に形を与える過程で、音楽はもう一つのこと、つまりわれわれがそのプロセスと一体化することを可能にしてくれる。ショスタコーヴィチの場合だと、その感動的で悲惨でわくわくするような、言葉を使わない物語と一体化することができる。そうしながら、言葉の重要性を十分に意識しつつ、最後には「それが実際私に起こったんだ」と自分で言うことができるように、音楽はわれわれを準備してくれるのだ。それができれば、とらえていた手から解放されて、もう警報（アラーム）が鳴らなくなったことに気づいて安心することができる。

長い間私は、セラピストや精神科医や親しい友人たちがそうだと言っても、自分がトラウマを経験したのだという考えに抵抗してきた。ニュース・メディアで報道されることが増えてきているひどい暴行や性的虐待を受けた犠牲者たちと自分を比較することが、無謀に思えたのだ。確かに母と一緒に暮らすのはとても難しかった、が、それはトラウマと呼ぶほどのことだったのだろうか？　心の内なる声はまたしても、私が誇張し、ヒステリックで、わざと注意を引こうとしているのだと言ってくる（今ならこれが、誰の声なのかわかっている）。しかし２０１０年に、とうとう父と私がいつも恐れていたことが起こってしまう。奇異な行動が次第にクレッシェンド〔増加〕していって、とうとう母は精神病に屈してしまったのだ。彼女は公の場で父を暴行して隔離された。それから彼女は、真夜中に（やや典型的な劇的演出）、火災警報を鳴らして精神科病棟を脱出した。パジャマの上にガウンを羽織ったまま街に出て、タクシーの運転手を脅して乗車し、両親の家へ連れていくよう指示した。財布も鍵も持っていなかったから、窓から家に押し入ろうとして、警察が呼ばれ、母は息を切らして喋り続けながら、再び拘束された。それは怖いと同時に呆れるほど滑稽な出来事でもあった。

私にとって最も重要なのは、これによって私に対する非難の申し立てが崩れたと認識できたことだ。これまで何年もずっと戦ってきたことの実態が明らかになり、私自身でさえ、もはや単なる被害妄想だと言って自分を責めることはできなくなった。最初はおずおずと、家族や友人たちが、母に対して長いこと抱いていた疑いや不安について話し出し、彼女の人生物語の重要な詳細を埋めていってくれた――そしてそれは、何と悲しい物語だったことか。深い同情の気持ちが、とうとう、怒りや恐怖を押しのけ始めた。少し経つと、このクレージーな出来事について、おおらかで優しい友人のミュージシャンに話している自分がいた。「知ってる？」と彼は優しく微笑んで言った。「それはあなたのせいじゃない」と。「笑いますぎて泣いてしまった」[*7]という表現があることは知っていたが、それまでそれは単なる言葉の綾だと思っていた。あの時、そうではないと知った。

＊7　ローズマリー・クルーニー（米国の歌手）のヒット曲に『笑いすぎて泣いてしまった（*I Laughed Until I Cried*）』という題の歌がある。

VI

VI

広大なロシアは自我をくじく

私はサンクトペテルブルクの宮殿広場〔冬宮殿前広場〕の南側にある円柱に寄りかかっていた。プロデューサーのジェレミー・エヴァンスと私は、ドキュメンタリー『ショスタコーヴィチ：光へ向かう旅』のための最後のインタビューを終えたところで、ここへ来ることで、全体を俯瞰する視点を持つことができるのではないかとジェレミーが考えたからだ。それはまったく正しかった。宮殿広場は、自己尊大感を助長するような場所ではない。あまりにも巨大であるばかりか、そこには目まいを起こさせるような何かがある。冬宮殿〔現エルミタージュ美術館〕でさえ、反対側、すなわちカルロ・ロッシ〔イタリアの建築家〕による弓形の建築であるロシア帝国軍参謀本部の方から見ると、ひどく遠くにあるように感じられるくらいだ。この広場は、１８１２年のナポレオンに対するロシアの勝利を記念して建造されたのだが、それ以来、様々な重大事が起こってきている〔血の日曜日事件や、十月革命など〕。

この広大な空間を見渡して、その全体を心の中に留めようとしていると、ショスタコーヴィチの交響曲第11番が意識に上がってきた。この曲がもたらす広々として不吉な静寂は、この壮観な光景にぴったりとくる。それもそのはずで、この交響曲の第1楽章の題は「宮殿広場」なのだ。ショスタコーヴィチが交響曲第11番を作曲したのは1957年で、表面上は1905年の不成功に終わった革命を記念するためということになっていた。それは、有名なロシア正教会の司祭〔ガポン神父〕に導かれて、人々が聖歌を歌いながら、皇帝に直接請願書を提出するために冬宮殿に向かって平和的に行進したものだ。ここで、帝政ロシアの近衛連隊であるプレオブラジェンスキー連隊が、彼らに対して発砲したのだ。死者の数は政治的な立場によっていろいろ言われているが、最近の数字は約千人となっている〔この「血の日曜日事件」がきっかけとなってロシア第一革命に発展する〕。

交響曲第11番の題は『1905年』となっているので、その意図は明白だとも言える。しかし、交響曲が発表された時、この作曲家の頭の中には、もっと最近起こった出来事があったのではないかと考える人たちもいた。例えば1956年、ちょうどこの交響曲が書かれる直前に起こった、ハンガリーの反ソ連蜂起に対するソ連軍隊による鎮圧だ。あるいはまた、『証言』に書かれているような「永遠のロシア問題」、つまり、ロシア人民と権力中毒となったその支配者たちとの間で、悲劇的に繰り返される両者の関係性についての瞑想だったのだろうか。どれも可能性があるが、宮殿広場でこの交響曲の冒頭を思い出していると、ショスタコーヴィチの頭の中に、この場所以外のものが設定されていたとは考えられない。そもそも宮殿広場は、相手を威圧するため、そして権力こそが絶対であるというメッセージを強化するために建造されたのかもしれないが、広場の歴史と20世紀のロシア史を知るとますます、この広場は反対側にある冬宮殿の威風さえ圧倒してしまうように思える。２００６年６月の晴れた日に、広場を通して冬宮殿を見ていると、スターリンはあそこに住もうと真剣に考えたのではないかという思いもよぎる。

この広場のスケールは気力をくじく。ちょうどこの広大な国そのものが、気力をくじいてしまうように。西欧よりもロシアの音楽や文学の中に、ずっと長くより強烈に深く根付いているあの「われわれ」という感覚とは、すなわち国家的なある種の広場恐怖症（アゴラフォビア）の結果だという可能性はないだろうか？　例えばモスクワからサンクトペテルブルクまで列車で旅するだけでも、延々と続く原野や湖や森林を前にして、私の自我がすっかり圧倒されて萎縮してしまうのを感じるのだ。西欧のより居心地のいいこぢんまりとした風景の中では、孤立して自立した個人として生きることは、はるかに易しい。対してここでは、人々が無数の木々のように寄り添って立とうとするのは、不思議なことではないのではないか？

芸術家は、現実が持つ意味に姿・形を与える

一人で座って広場を見渡していると（ジェレミーは、私と小型マイクをそこに置き去りにして、円柱の後ろに退いてしまった）、ますます私自身のストーリーなどいかにちっぽけな

ものかという思いにかられる。記憶の中からハープの音が鳴りだした。またしてもショスタコーヴィチで、交響曲第5番の最後の方に出てくる『プーシキンの詩による四つのロマンス作品』からの警告的な引用部分だ。つまりこの歌の中に出てくる野蛮人のようにはなるな、私の美しい絵の上に落書きをするな、というメッセージだ。私はそれをやってきてしまったのだろうか？　そう考えると少し逡巡したが、振り返ってみるとそこまで罪深いことはしていないように思う。一昨日ボリス・ティシチェンコと話をしていた時、もしショスタコーヴィチの音楽がどれだけ私を助けたかを本人が知ったら、おそらく大いに喜んだはずだと、彼は優しく保証してくれた。たとえそうだとしても、私は何千、いやおそらく何十万という人たちのうちの一人にすぎない。そう考えるとやや萎える気もするが、同時に高揚感もある。

どうして一人になる必要があろう？　そうなることで特別感が生まれるからか？　しかしもっと違った意味で、ヴィクター・コズロフが私の左腕をわし摑みにした時に、すでに特別感は抱いていた。それは何より、仲間として受け入れる身振りだったからだ。筆舌に尽くしがたい経験をし、想像もつかないほどの集団苦悩と生き延びる意欲とを象徴している彼のような存在に受け入れられることは、誇らしい特別感をもたらした。確かにわれわれは、この音楽に自分の物語を持ちこむ。しかしショスタコーヴィチの音楽は、圧倒的な自己本位の瞬間でさえ、われわれは孤立していないという感覚を呼び起こすのだ。レニングラード交響楽団の大ホールで、ショスタコーヴィチの『レニングラード』交響曲が演奏されるのを聴いていた、敵に包囲されていた人々に対しても、そして、それよりはるかに小さく地味な形で、私自身に対しても。

この観点から鑑みるに、私自身が世界から引きこもっている時に慰めと肯定を求めて読んでいた、例えばショーペンハウアー、ニーチェ、リルケ、カフカといった——エーリッヒ・ヘラーが「精神のならず者たち」と呼ぶような——人生や人類全体と常に対決しているような孤独な思想家や作家たちと比べて、ショスタコーヴィチがいかに異なっているかということに今さらながら気づかされる（際立っているのは、彼らがすべてドイツ語圏の作家だということだ）。彼らが遺した業績は巨大なものであり、今日「芸術家」についてわれわれが考察する際には、彼らの影響を避けては通れない。しかし、ヘラーが著書『トーマス・マン：皮肉なドイツ人』（1959、日本語版は『トーマス・マン』前田敬作・山口知三訳、1975、筑摩書房）の中で言うように、「芸術家というものが、他の人々と現実を共有しながら、そのユニークな洞察力や苦悩というよりもむしろ、共有された現実が持つ意味に見事な姿や形を与えるその力によって、認められていた時代があったに違いない」。ヘラーは、まるでそのような芸術家は、遠い過去の存在であるかのように語っている。しかし、彼がこれらの言葉を綴っていた1950年代後半には、ショスタコーヴィチは交響曲第11番を作曲していたのだ。そしてそこには「ユニークな洞察力や苦悩」はもちろんのこと、さらに、「共有された現実が持つ意味に見事な姿や形を与える力」もあったのだ。

もちろんここでは、それらの孤独なドイツ語圏の作家たちが「間違っていた」と議論するつもりはまったくない。これからも私は、彼らの鋭い心理的洞察力と、心の中の暗闇とそれに伴う人生の無意味さというものを直視する勇気を示してくれたことに対して、感謝し続けるだろう。と同時に、彼らは一種の「防御的な傲慢さ」というものも促したのではなかったか、という違和感も抱いている。ニーチェが描いた架空の指導者ツァラトゥストラは、悲観と興味と軽蔑の混ざった思いで平野の人々を見下ろしながら、山上の洞窟で長年過ごす。しかしその背景では、ツァラトゥストラの嘲笑の中に、人々のシンプルな楽しみや、たとえ錯覚でも何かに帰属しているという彼らの感覚に対する、一種の羨望の音が混じっているのが聴こえてくる。まさにこの点こそ、ショスタコーヴィチが大きく異なっているところだ。彼を知り始めて以来ずっと、彼の世界とそこに深く関与する彼のやり方に誘われてきた。そして今、宮殿広場に座りながら、彼が私にもたらした人生を変えるような出会い、すなわち彼個人とその時代や場所を知っていて、彼が一体何を成し遂げたのかを魂の最も深いところから証言できるような人たちとの出会いを、彼が私にもたらしたのだということに思い至った。そのような人たちと話をすることで、動揺すると同時に興奮するような何か、すなわち「つながり」を体感したのだ。ロバート・ヘリックが夢について語ったことは、人生にも当てはまる気がする。われわれはすべて生まれた時に「それぞれが異なる世界に」投げ出されるのだが、時々それらの世界が接触することがあり、一瞬だが、お互いにじっと相手の目を本気で見つめ合うことがあるのだ。

音楽がもたらす「帰属感」と「つながり」の感覚

当初、このつながりの感覚は、ロシアを離れたら消えてしまうものだと思っていた。イギリスに戻れば、ドスンという音とともに地上に引き戻されるに違いないからだ。ロシア人は拍子抜けするくらいに開放的なこともある。何らかの共通の土台ができるやいなや、会話は、人生や宇宙やすべての事柄に移っていく傾向にある。最も知的に洗練された人たちと一緒の時でも、ヘンリー・ジェームズが『ある婦人の肖像』の中で「過度に文明化された時代には、人間関係の鋭さは社会的カーテンで覆われて一様に弱められる」と表現したようなことが起こらないのだ。思慮深い英国人たちでも、カーテンが引っ張られてその裏が見えだすと、不安になる。それほど思慮深くない人たちは、冗談やあからさまな嘲笑に逃げる。いずれにしてもメッセージは明らかで、そんなに物事や特に自分を深刻にとらえ過ぎるなよ、ということなのだ。

実は私もそのように考えていた。今回のロシア旅行で最も親しくなった一人は、プロデューサーのジェレミーだったにも拘わらず、だ〔彼はロシアを離れてもまだ一緒にいるのに〕。

ＢＢＣ本社の小さなスタジオで完成したドキュメンタリーを一緒に聴いていた時、もし編集責任者が自分だったら、作品の出来はこれほど良くなかっただろうと思った。インタビュー対象や場所の選択、私のコメントの取捨選択、ショスタコーヴィチについて、私が一体何を言いたいのか、まるで本人よりもよく理解しているかのようだった。彼は私に個人的なコメントを挿入してはどうかと優しく促して、それらをやり過ぎだと感じない程度にうまく配置した。そして番組を通じて、ジェレミーが巧みに選択した音楽が素敵に組み込まれていた。慎重に選ばれたそれらの作品を、あらためてすべて聴き直したいと強く思ったほどだ。これは、少なくともある意味、音楽がその役割を見事に果たしたことの証だろう。

ＢＢＣ本社を後にしながら、大きな喜びを感じると同時にぼんやりとした懸念もあった。私のうつ病についてはわずかに2行ほどで語られ、それによって自死を考えるところまで追いつめられたことについては、ほのめかされているだけだった。それだけでも内容はすでに明白で、それが録音されて聴衆に向けて放送されようとしているのだ。その時突然、思わず立ち止まって、前をじっと見つめた。普段より人通りの少ない〔ＢＢＣ本社がある〕ポートランド・プレイスの道路の反対側にあった新聞の広告用掲示板に、「スティーブン――私の自死未遂」と掲示されていたのだ。もちろん私のことではないけれど、反対側に走って行ってよく見てみた。見出しの右側が折れ曲がっていたため、その下にあった「フライ」という苗字が読めなかったのだ。その場でちょっと検索したところ、スティーブン・フライ〔英国の俳優・作家・映画監督〕は、つい最近、自身の双極性障害体験にまつわるTVドキュメンタリー2部作『そううつ病の知られざる生活』〈未邦訳〉を制作したばかりだった。何というタイミングだろう。有名な人たちがこういったことを公にするのは、2006年頃には今よりずっと少なかった。この番組を制作することに同意してそれを見事に成し遂げたフライの勇気ある行動は、精神疾患に対する世論の動向を大きく変えて前進させることになった。ジェレミーはそのような空気の変化を察知していたのだろうか？　もともとそれが理由で、私にこの番組の制作を持ちかけたのだろうか？　それとも、これは単なる幸運な偶然なのか？自分が時代精神を揺さぶる一翼に加担したと思いたい誘惑にかられるが、こういう時こそ、膨らんだ自我をしぼませるイギリスのユーモアが、大いに役に立つ。

　私はラッキーだった。フライの番組で人々の興味とポジティブな感心をかき立ててもらったおかげで、われわれの番組に対しても、数か月前には思いもよらなかったような理解ある聴衆がついてきてくれた。『ショスタコーヴィチ：光へ向かう旅』の反響は、紙面、Eメール、手紙、時には見ず知らずの人たちまで含む直接の会話などを通じたものだが、あの番組以前にやってきたこと、そしてあれ以降やってきたことのどれをもはるかに上回るほど大きく、一貫してポジティブだった。今でもまだ、ラジオ放送やラジオ3のオンライン配信を通じて、番組を聴いた人たちからEメールを受け取っている。あの番組が実際に、精神的苦悩に対処するのを助けてくれたと言う人たちも少なからずいた。サミュエル・バーバー〔米国の作曲家〕の悲痛な『弦楽のためのアダージョ』や、セロニアス・モンク〔米国の作曲家・ジャズピアニスト〕による洗練された侘しさの『ラウンド・ミッドナイト』、あるいはショスタコーヴィチの弦楽四重奏曲第8番といった音楽の中に、避難と生きる力を求めることは、決して変ではないのだと保証してもらえた、と言う人たちもいた。ここには、私がロシアで経験した「つながり」の感覚の再確認と更なる展開の両方がある。この「つながり」の感覚は、音楽、特に一人の卓越した人間が作曲した音楽を通して、何かより大きなものへの帰属感を生み、自分を悲しく強情で孤独な片隅から引っぱりだして、他のリアルな人たちに引き会わせてくれる。

たとえ引きこもっても、永遠に一人ということはない

私が特に好きなショスタコーヴィチの写真がある。サッカー場で彼のホームチームであるゼニト・レニングラード〔現ゼニト・サンクトペテルブルク〕のテラスに座っているところだ。明らかにゼニトは好調だ。アリストテレスが悲劇の中で効果的だと考えた劇的な運命の反転が、この時ちょうど起こったのかもしれない。ショスタコーヴィチの表情が示しているように、この場合は明らかに悲劇ではない。ほとんど彼だとわからないくらいで、若い頃の公式

写真にあるような、神経質で極度に集中した姿でもなければ、後年の写真にあるような、内に引きこもった仮面をつけたような姿でもない、晴れやかな笑顔なのだ。あの分厚い眼鏡でさえも、彼の目の輝きを隠すことができない。若い兵士と、広い襟がついたロングコートの男との間に挟まって、膝上に場違いなブリーフケースを載せ、人生でこれほど幸せだったことはないというような顔をしている。こういう幸せな瞬間を彼が持てたのは、本当に良かった。

ショスタコーヴィチは、音楽の中で見事に表現した事柄のインスピレーションや精神的な糧を、サッカー場のテラスで得たのだろうか？　再三再四彼は、人々が結束して心から自由に本音を明かして歌う、というイメージを提供してきた。レニングラード交響曲の最後を締めくくる偉大な悲劇的な勝利の聖歌や、交響曲第11番の最後に出てくる『１９０５年』という、結集した怒りの反抗の叫びの中にそれを聴くことができる。交響曲第11番の感動的な終章は、古い学生たちの革命の歌からの引用だ。

「怒りだ、怒りだ、お前ら暴君へ！　われわれをあざ笑い、
牢獄と鎖でわれわれを容赦なく脅す！
たとえ体が踏みにじられようと、われわれの精神は強い
恥を、恥を、恥を知れ、暴君たちよ！」

「われわれの精神は強い」と聴けば、この歌をあらかじめ知らなくとも、メッセージは伝わってくる。これは決してソ連共産主義の抽象的な空虚な「人民」ではなく、個人のネットワークであり、ゼニト・レニングラードのサッカー写真に写っていた、不規則に寄せ集まったグループのようなものだ。ショスタコーヴィチの巧みな編曲は、鋭く対立する声を際立たせている。それでいて、たとえつかの間ではあっても不安定ではあっても、この共有する瞬間には、多くの心が一つの考えのもとに互いにつながっているのだ。

もちろんこれらは特別な瞬間だ。ショスタコーヴィチの音楽は、常に「われわれ」ということを叫んだり、囁いたりするわけではないからだ。孤立した瞬間や、孤独の恐怖もまた彼の音楽の中にリアルに存在する。交響曲第4番の最終章と、第5番のスローな楽章〔第3楽章〕にそれらを聴き取ることができるが、両方とも、真夜中に来るかもしれない扉のノック音を待ち続ける不眠の恐怖とはどのようなものか、ショスタコーヴィチが身をもって知っていた時期に書かれたものだ。しかし、同じようにリアルなのが、持続する友情と愛への賛歌だ。チェロ協奏曲第1番のフィナーレに出てくる、ムスティスラフ・ロストロポーヴィチとの内輪のジョーク、交響曲第14番の声楽部分の中心に出てくる、ベンジャミン・ブリテンに宛てた情熱的な音楽の手紙（「われらの絆は永遠で、自由で喜びに満ちて誇らしい！」）、弦楽四重奏曲第8番に出てくる、イヴァン・ソレティンスキーやニーナ・ショスタコーヴィチの悲痛な思い出など。それらはすべて、大きなスペクトルの一部なのだ。つまり「私」が一方の端にあり、次第に色が変わっていって、もう一方の端にある素晴らしい「われわれ」へとつながっているのだ。

ここで話しているのは、二者択一ということでもなければ多数分裂ということでもない。個人はたとえ引きこもることがあったとしても、永遠に一人ということはない。ちょうどショスタコーヴィチの交響曲第10番の終章で、DSCHのテーマがそうしたように、大勢の人たちとダンスしても、個人としての存在は維持し続けるのだ。コミュニティーは強制はしない。ベートーベンの「歓喜の歌[*1]」のコーラスとは違って、「すべての人間は兄弟だ」とか、疑いを持った者たちに対して「この結合から泣きながら逃げ出すがいい」などとは言わない。ショスタコーヴィチは、われわれがひどい孤立状態にある時も、分かち合う歓喜の只中にある時も、そこにいてくれるのだ。

もし音楽が私をこのような気持ちにさせるのなら、
私はどうして耳を傾けるに値しない存在などであろうか？

16歳の私は、ウェスト・ペナイン・ムーアを、足を打ち鳴らしながらどんどん大股で歩いている。身が引き締まるような天候で、突風が空をなびく低い雲を引きちぎり、時々にわか雨が斜めに吹き付ける。自分の気持ちにピッタリな天候だ。頭の中ではショスタコーヴィチの交響曲第4番の終わりが鳴りまくり、それはまるでスタジオの中でのように鮮明に聴こえてくる。私は音楽に合わせて、半分吠えながら半分興奮して喋っている。周りに誰もいなくてよかった。しかし確かなのは、私は一人だとは感じなかったことだ。彼の音楽が、私が何を感じているのかショスタコーヴィチは知っているよと教えてくれる。おそらく私自身よりよく知っているだろう。彼はそれ以上のことも与えてくれた。半分は想像上の、半分はリアルな、彼のコミュニティーだ。彼が言ったように、交響曲第4番の最終章で、かなりはっきりとそれが提示されている。そこには悲しみの、怒りの、そして生き延びる決意の大唱和があって、私もそれに参加できる。それ〔彼のコミュニティー〕はどこにあるのか、まだ知らないが、あることだけは知っている。音楽が鳴っている間、私はそれに参加している。たくさんの声の中の一つだ。どこかに私が帰属する「われわれ」が存在しているのだ。そう思う

＊1　交響曲第9番、第4楽章「歓喜の歌」は、1785年にドイツの詩人フリードリヒ・シラーが書いたもので、人類の結束と兄弟愛を情熱的に祝福したもの。シラーは後年になって、あの詩は「現実からかけ離れていた」と友人に宛てた手紙に綴っている。

と安心感があり、持続感があり、言いようもない高揚感がある。最後の楽節が静かにフェードアウトする時、しばらくの間立ち止まる。もし音楽が私をこのような気持ちにさせるのなら、私はどうして役立たずで、卑劣で、取るに足らない、耳を傾けるに値しない存在などであろうか？

謝辞

感謝すべき人々のリストはあまりにも長く、お世話になったすべての人々をここに挙げることは不可能に近い。その中で、特に以下の人々に深く感謝したい。まず、ラジオ・ドキュメンタリー『ショスタコーヴィチ：光へ向かう旅』を企画・制作してくれたプロデューサーのジェレミー・エヴァンスと、ロシア語の翻訳ならびにガイドを務めてくれたニーナ・コンゴロヴァとミーシャ・スメトニックに感謝する。またロシアとイギリスで多くの人々が番組の制作に寄与してくれた。クセニア・アフォニナ、ティグラン・アリカノフ、ボリス・ティシチェンコ、指揮者イフゲニー・ムラヴィンスキーの未亡人アレクサンドラ・ヴァヴィーリナ、エイブラム・ゴーゼンプド、マヌシール・ヤクボフ、そして何よりもヴィクター・コズロフ。

ロジャー・スクルートンとレイ・タリスの助言にも感謝する。セバスチャン・ガードナー、アンソニー・オヒア、ルース・パデル、デビッド・マシューズ、ポール・ロバートソン（アルバニー研究会のすべてのメンバー）には、私の考察を彼らに提示し、それらを（そして私を）とても丁寧に扱ってくれたことに感謝する。

他にも多くの人が力を貸してくれた。マイケル・トレンブル、デイビッド・クイン、サラ・ハリデー、ジョン・コックス、レイ・オーウェン、ウィリアム・メレディス・オーウェン、ヴァル・ランドル。また、ヒラリー・バートレットとマイケル・ピューには、彼らの議論に参加させてもらい、そこから学ばせてもらったことに感謝する。

とりわけ、妻のケイトには感謝しなければならない。彼女の洞察力、助言、批判、そして地に足の着いたコモンセンスは、非常に貴重なものだった。この23年間、彼女が与えてくれた精神的な支えは、それだけで1冊の本になるほどであり、それを書いたところで彼女が感謝してくれるかどうか、まったく自信がない。代わりに、私はこの本を彼女に捧げることにした。

訳者あとがき「まなざしの力」

もし人生をやり直せるなら、少なくとも一週間に一度は詩を読み、音楽を聴くことを習慣にしたい。そうしていれば、今衰えている脳の部分も、人生を通じて生き生きと保つことができるかもしれないから。これらに対する興味を失うことは幸せを失うことであり、われわれの感情を衰弱させて、知性やモラルを損なうだろう

——チャールズ・ダーウィン

(*The Autobiography of Charles Darwin, 1809-1882*)

芸術的誠実さとサバイバルをかけて作曲を続けるショスタコーヴィチの苦悩と矛盾とユーモアと音楽に、著者自身の双極性障害(そううつ病)や自死願望や母親との葛藤からのサバイバル物語が重なる、万華鏡のような内容だが、読後になぜかカタルシスと希望が残る不思議な魅力をたたえた本だとあらためて思う。

まったく様々な角度から楽しむことができる本だ。

——音楽の持つ深い意味と魅力と由来に興味ある人たちに
——双極性障害をはじめとする精神疾患や、いじめや、両親との葛藤などに苦しんでいる人たちに
——心理療法や音楽療法に関心ある人たちに
——哲学、文学、脳科学などに好奇心のある人たちに
——教養課程の副読本として
——引きこもっている人たちや、内に深い孤独を抱えている人たちに
——「永遠のロシア問題」を生み出したロシアのスケールと、共産党恐怖独裁時代に興味ある人たちに
そして
——ショスタコーヴィチの天才とその作品に興味ある人たちに

例えばここでは、カフカの『変身』とトーベ・ヤンソンの『ムーミントロール』とリヒャルト・ワーグナーの『トリスタンとイゾルデ』がつながり、まなざしの持つ強い力について魅力的に語られる。「二人の人間が視線を合わせると脳内のオキシトシンのレベルが上がって、共感(エンパシー)と尊重(エスティーム)の気持ちが高まることも、様々な研究ですでに明らかにされている」と著者は述べている。オンライン化が進み、オフィスを持たない会社も出てくる中、ある情報

テクノロジー会社の社長曰く、「人材採用に関しては、実際に会って面接すれば5分でその人がこの会社に向いているかどうか判断できるのに、オンラインで面接する場合、人物判断に少なくとも1時間くらいはかかってしまう」と。この差は一体何なのだろう。直接目を見つめながら話をすることで、重要な何かが実感を持ってコミュニケートされるようなのだ。

それは歴史家ティモシー・スナイダーが指摘した、目を見つめることの大切さに大いに通じるところがある。人間関係は目を見つめることで初めて築かれ、見つめ合う直接的なつながりこそが、社会の信頼を構築する礎になるという（『嘘と孤独とテクノロジー』２０２０、集英社インターナショナル新書）。そういえばインドのカルカッタにあるマザー・テレサの「死を待つ人々の家」を訪れた際、シスターたちが患者ひとりひとりの手を握り、目を見つめることをもっとも大事な仕事としていたのが思い出される。ゴリラやクジラも、しっかりと目を合わせることでコミュニケートしていることが知られている。

またここには、音楽とはこのように読むことができるのか、音楽がこれほど大きな影響を人々の心に与えることができるのか、という純粋な驚きもある。

「音楽は、暗いドラマと純粋な歓喜、苦悩と恍惚、燃える怒りと冷たい怒り、哀愁とはじける陽気、そして、最も微妙なニュアンスと、言葉や絵画や彫刻では表現できない感情の相互作用をあらわすことができる」

とショスタコーヴィチが語るように、音楽は、言葉にならないわれわれの内なる現実に表

現の手段を与えて、感情がうまく外へ流れ出すよう促し、生きていく意味や理由を提供するようだ。確かに、映画『逢びき』（デヴィッド・リーン監督、１９４５）の映像に深い意味を与えていたのは、ラフマニノフのピアノ協奏曲第2番だったし、『２００1年宇宙の旅』（スタンリー・キューブリック監督、１９６８）も、リヒャルト・シュトラウスの交響詩『ツァラトゥストラはかく語りき』無しには、あれほどの奥行きは不可能だったろう。

コロナウイルスによる蟄居生活が始まってから、友人は毎朝オペラのアリアを聴くことで一日を始めていたという。先が見えないことからくる不安と焦燥の中、生活と精神の平衡を保つために自然とそうなったようで、音楽と人間の歌声が安心感をもたらすからと。別の友人は、ブラームスのピアノ四重奏曲が彼女にとっての特効薬で、どんなにフラストレートしていたり惨めになった時でも、これを聴いているうちに心が落ち着いてきて、全部聴き終わる頃には自分自身の感情と折り合いがついているのだそう。音楽には、不安やストレスや痛みのレベルを下げて人間をすうっとまとめる不思議な力があるようだ。重篤なうつに沈む人たちには明るく楽しい音楽はまったく効果がなく、むしろシューベルトの『死と乙女』やシヨスタコーヴィチの弦楽四重奏曲第8番といった、燃え上がるような感情的な音楽こそが大いなるやすらぎと慰めを与えるという指摘や、ベートーベンが弟子に施した音楽セラピーの話も印象深い。

それでも、「音楽が広い意味でわれわれを『見つめる』ことはできない」と著者は言う。音楽は、幾年にもわたって「荒れ狂う海を漂う命の筏」となってもくれるが、実際の救済には生身の人間が必要で、「われわれを見つめて、わかってくれ、まだ救済するに十分な価値のある人間だと伝えてくれる人」の直接的なまなざしが必要なのだと。

また端的な答えの出ない不確かさや不可解さや疑問の中にいることを受容する能力「ネガティブ・ケイパビリティ」が創造性の源となることにも触れられている。ますます複雑性が増していく社会において、ニュアンスを排除して何につけ白黒はっきりさせようとする態度は、意味を見失って集団ヒステリーを生むことにつながるだろう。

さらに、そううつ病が示す「夢中になって蛙飛びするような」思考の飛躍がもたらす芸術的な創造性（クリエイティビティ）について、当事者である著者による文学作品や脳科学の研究を踏まえた解説は、本人の繊細さと鋭い観察眼に裏打ちされて実に興味深い。誰一人として同じ脳を持った者はなく、脳障害といえば、程度の差こそあれ誰でもそれなりの脳障害を抱えているもので、そううつ病を示す脳が見ている世界は特殊な例というよりむしろ、かなりの人に多少こういった傾向があるのではないだろうか。

「われわれはすべて生まれた時に『それぞれが異なる世界に』投げ出されるのだが、時々それらの世界が接触することがあり、一瞬だが、お互いにじっと相手の目を本気で見つめ合うことがある」と著者は言う。たとえわずかでもこういう見つめ合いの記憶があれば、生き続けていく意味を見出せるのかもしれない。

「これはあなた向きの本かもしれない」といって原作を贈ってくれた素晴らしい直観力を備えた友人である Lisa Melas-Kyriazi 氏と、「久しぶりに一気読みした本だった」と言って感想を寄せてくれた友人 Jane Wilson 氏の、あたたかい励ましと友情に深く感謝します。またこの本の制作に当たっては、豊かな感性と情熱と深い誠実さをもって担当してくださった河出書房新社編集部の高野麻結子さんに厚く感謝します。

様々な角度からこの本を楽しんでくださる読者がいることを、心から祈っております。

吉成真由美

参考文献

《ショスタコーヴィチ》

Elizabeth Wilson: *Shostakovich: A Life Remembered*, Faber & Faber, 1994

Story of a Friendship: The Letters of Dmitry Shostakovich to Isaak Glikman (trans. Anthony Phillips), Faber & Faber, 2001

ソロモン・ヴォルコフ編『ショスタコーヴィチの証言』水野忠夫訳、中公文庫、2001

《ロシアとロシア音楽》

ニコライ・ベルジャエフ『ロシア思想史』田口貞夫訳、ぺりかん双書、1974

オーランドー・ファイジズ『ナターシャの踊り：ロシア文化史』（上・下）鳥山祐介・巽由樹子・中野幸男訳、白水社、2021

Boris Schwarz: *Music and Musical Life in Soviet Russia*, 1917–70, Barrie & Jenkins, 1972

Richard Taruskin: *Defining Russia Musically: Historical and Hermeneutical Essays*, Princeton University Press, 1997

《音楽・創造性・精神》

Steven J. Mithen: *The Singing Neanderthals: The Origins of Music, Language, Mind, and Body*, Weidenfeld & Nicolson, 2005

Paul Robertson: *Soundscapes: A Musician's Journey through Life and Death*, Faber & Faber, 2016

オリヴァー・サックス『音楽嗜好症：ミュージコフィリア』大田直子訳、ハヤカワ文庫ＮＦ、2014

アンソニー・ストー『創造のダイナミックス』岡崎康一訳、晶文社、1976

Michael Trimble: *The Soul in the Brain: The Cerebral Basis of Language, Art, and Belief*, Johns Hopkins UP, 2007

Michael Trimble: *Why Humans Like to Cry: Tragedy, Evolution, and the Brain*, Oxford UP, 2014

D. W. Winnicott: *The Child, the Family, and the Outside World*, Penguin, 1973

スティーブン・ジョンソン
Stephen Johnson

1955年、イギリス・ランカシャー州生まれ。マンチェスター大学大学院でショスタコーヴィチの弦楽四重奏曲に関する研究を行った後、卒業後はBBCラジオで音楽ジャーナリズムに従事。音楽に関するドキュメンタリー番組を手がける他、ガーディアン紙、グラモフォン誌、BBCミュージック・マガジンなどへ執筆。双極性障害を患ったことをきっかけに、音楽の効能について精神医学、神経科学、心理療法などを横断する独自の知見を発表するようになった。

吉成真由美
Yoshinari Mayumi

サイエンスライター。マサチューセッツ工科大学卒業（脳および認知科学）。ハーバード大学大学院修士課程修了（心理学部脳科学専攻）。元NHKディレクターとして子供番組、教育番組、NHK特集などを担当。コンピューター・グラフィックスの研究開発にも携わる。著書に『知の逆転』、『知の英断』、『人類の未来』（いずれもNHK出版新書）、『進化とは何か』（早川書房、編/訳）、『嘘と孤独とテクノロジー』（集英社インターナショナル新書）など。

HOW SHOSTAKOVICH CHANGED MY MIND
by Stephen Johnson

Japanese translation published by arrangement with Notting Hill Editions Limited
through The English Agency (Japan) Ltd.

音楽は絶望に寄り添う
ショスタコーヴィチはなぜ人の心を救うのか

2022年10月20日　初版印刷
2022年10月30日　初版発行

著　　者　スティーブン・ジョンソン
訳　　者　吉成真由美
装　　幀　大倉真一郎
装　　画　ワタナベケンイチ
発 行 者　小野寺優
発 行 所　株式会社河出書房新社
〒151-0051
東京都渋谷区千駄ヶ谷2-32-2
電話 03-3404-1201（営業）
03-3404-8611（編集）
https://www.kawade.co.jp/
組　　版　株式会社キャップス
印刷・製本　三松堂株式会社

Printed in Japan

ISBN978-4-309-25686-3